Le management de projet orienté client

Éditions d'Organisation
1, rue Thénard
75240 Paris Cedex 05
Consultez notre site
www.editions-organisation.com

© Éditions d'Organisation, 2002
ISBN 978-2-708-12769-2

Bernard Edmond AVOINE

Le management de projet orienté client

Éditions
d'Organisation

Sommaire

PREMIÈRE PARTIE
QUEL EST LE CADRE DE LA DÉMARCHE ?

DEUXIÈME PARTIE
COMMENT FONCTIONNE UN PROJET ?

TROISIÈME PARTIE
QUELLES SONT LES ACTIVITÉS À DÉPLOYER ?

QUATRIÈME PARTIE
COMMENT CONTRÔLER LA CONFORMITÉ DES
RÉSULTATS AUX OBJECTIFS ?

INTRODUCTION

L'objet de ce livre est de décrire la méthode à appliquer pour conduire un projet tourné vers le client, qu'il soit externe ou interne à l'entreprise.

La méthode décrit l'organisation et les outils à utiliser dès le premier contact avec le marché.

Ce premier contact est généralement un appel d'offres (par exemple une cimenterie) pour un client externe. Pour un client interne, c'est un projet (par exemple, la création d'un service achats sur internet).

L'application de la méthode privilégie le contrat passé entre le client et l'entreprise (le maître d'œuvre).

La responsabilité du contrat est aujourd'hui transférée des chefs de service des différentes disciplines au profit du chef de projet. Pourquoi ?

Parce qu'un client est précieux à deux titres. Il est :

• Apporteur d'un travail ; c'est le produit à transformer.

• Apporteur d'argent ; ce sont les fonds qu'il met à disposition pour satisfaire l'investissement.

À cela s'ajoutent ses exigences pour minimiser ses risques. Pour lui le projet n'est qu'un pis-aller ; ce qu'il privilégie, c'est la disponibilité et l'utilisation de son produit.

À cet effet il a besoin :

• D'un interlocuteur responsable et attaché à son affaire,

• De la visibilité permanente de l'avancement de son produit,

• De ne payer que ce qui est tangible ou réalisé,

• De la qualité de ce qui lui est remis.

Pour répondre à ces problèmes, la méthode que nous proposons est point par point la suivante :

- Un interlocuteur unique, le chef de projet (agissant comme maître d'œuvre délégué),
- Une décomposition du travail à faire selon un système de briques arborescentes : le WBS [1],
- Un planning couplé au *WBS* pour, à la fois, être en mesure de remettre à chaque jalon ce qui a été réalisé (sans oublier d'en demander le paiement) et piloter le système de maîtrise des coûts [2] pour prévoir le coût à terminaison du contrat,
- Un système d'assurance de la qualité permettant la garantie de la conformité du produit.

L'objectif de ce livre est d'aider le lecteur à comprendre la méthode.

Un chef de projet a besoin de connaître la position :

1. D'abord, de l'entreprise (maître d'œuvre). Comment se situe-t-elle par rapport au marché ? Quelles sont ses responsabilités (juridiques, financières, sociales) par rapport à la société civile ?

2. Ensuite, du projet vis-à-vis du client, de l'entreprise et leurs exigences réciproques. Quels sont les moyens d'accès du client au projet ? Comment le projet doit-il résister pour ne pas se faire étouffer par l'entreprise ? Comment répondre aux critères (ISO 9000), conditions nécessaires mais suffisantes pour les organismes de qualité ?

3. Puis, du projet vis-à-vis de son fonctionnement interne et de la délégation des responsabilités. Comment le projet doit-il s'y prendre pour identifier en premier lieu le travail à faire, le *WBS,* plutôt que de courir après les moyens ? Pourquoi une organisation avec des lots de travaux plutôt qu'une organisation par phases (études, achat, montage) ?

---

1. WBS : *Work Breakdown Structure.* Principe de décomposition arborescente en forme de briques du travail ou de ce qu'il y a à faire.
2. Attention, la maîtrise des coûts, *cost control*, est au projet ce que le contrôle de gestion est à l'entreprise. La confusion des deux métiers est fréquente. Le premier est chargé de maîtriser les coûts, le second gère des dépenses. Le travail d'un ébéniste est différent de celui d'un menuisier et pourtant ils travaillent tous les deux le bois.

4. Enfin, du système de pilotage pro-actif (c'est nouveau), souvent mal compris mais nécessaire à la conduite d'une affaire. Comment met-on en place le planning, le budget, une fiche de lot ? Comment prépare-t-on les campagnes de coût à terminaison ? Qu'apporte le tableau de bord ?

Plus encore, cette responsabilité de management orienté client doit en contrepartie de l'allocation totale du budget (c'est égal au prix de vente) assurer pour le compte du projet et donc de l'entreprise, les facturations « à date » du client.

Par ailleurs, l'instauration du système de pilotage (il ne s'agit pas de gestion) doit assurer au chef de projet que les prévisions de coûts engendrés par les consommations (heures et débours) sont dans le respect des budgets alloués.

Pour le reste, la technique, l'organisation et la manière de véhiculer l'information, sont bien sûr prises en compte dans ce livre mais pas au même rang que la méthode décrite pour satisfaire le client.

En définitive, l'originalité du livre tient à ses deux thèmes majeurs :

- le client, avec la prise en compte de ses exigences,
- et la maîtrise des coûts internes accompagnée de recommandations.

AVANT-PROPOS

Comment utiliser ce livre ?

Cet ouvrage est conçu comme un référentiel de conduite de projet.

Élaboré selon un itinéraire à respecter, il comporte dix chapitres.

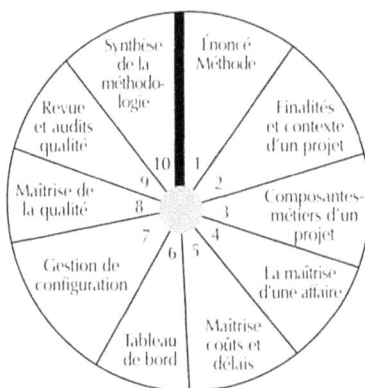

La **première partie** cadre la démarche de la méthodologie.

Le 1er chapitre, « **Énoncé de la méthodologie** », est orienté client. Il décrit les préa-
lables d'un appel d'offres. Des techniques vont aider à la réflexion pour cerner le produit. L'analyse de la valeur, la CCO, la rédaction du cahier des charges sont les outils

que va utiliser le maître d'ouvrage (le client) dans ce but. La ligne de conduite à tenir durant ce processus est de définir ce qu'il y a à faire (nous y reviendrons tout au long du livre).

Le 2e chapitre, « **Finalités et contexte d'un projet** », est orienté maître d'œuvre ou fournisseur principal. Il décrit la façon de répondre à un appel d'offres. Hormis le prix et les négociations y afférentes (voir la recommandation sur la formation d'un prix), le maître d'œuvre propose les volets de son organisation (*OBS*), les moyens humains qu'il va mettre à disposition au cours des différentes phases d'élaboration du projet. En un mot, il vend la qualité de son organisation et démontre sa valeur ajoutée.

Ces deux chapitres sont à considérer comme un étalonnage de chaque partenaire par rapport à l'autre.

La **deuxième partie** analyse dans le détail le fonctionnement d'un projet.

Le 3e chapitre, « **Les composantes-métiers d'un projet** », a une composition identique à la lecture d'un menu. Toutes les phases du déroulement d'un projet sont parcourues avec à l'intérieur de chacune d'elles, un examen exploratoire de toutes les disciplines qui s'y rapportent. Ce chapitre répond à la question « comment s'y prendre et avec quels moyens » ? Depuis l'appel d'offres, la proposition de réponse au client, les études d'ingénierie, la fabrication, les essais, jusqu'à la réception, toutes les composantes-métiers sont passées en revue.

Le 4e chapitre, « **La maîtrise d'une affaire** », est l'explication de la tactique de conduite de projet. Cette démonstration sommaire a pour objectif de constater que trop souvent les chefs de projet sont plus habiles à montrer ce qu'il savent faire qu'à comprendre les besoins du client.

Savoir maîtriser un projet, c'est comme un ordre de mission : entendre, écouter et comprendre.

La **troisième partie** est un arrêt sur image des activités à déployer pour, à la fois satisfaire aux exigences du client, et savoir pour le chef de projet où il en est et où il va.

Le 5e chapitre, « **La maîtrise des coûts et des délais** », a pour but d'anticiper et de donner au chef de projet les éléments propres à prendre les actions correctives qui s'imposent avant que les décisions ne deviennent irréversibles. Savoir maîtriser les coûts et les délais, c'est disposer d'un outil de confiance tel que peut l'être une bonne assurance en cas de nécessité. Dans un projet, on ne gère pas : on maîtrise et on anticipe. À terme l'équation recette doit toujours être supérieure aux coûts engagés et aux dépenses enregistrées.

Le 6e chapitre, « **Les tableaux de bord** », est l'illustration de ce qui se passe en continu lors du projet. Les tableaux de bord sont peu nombreux et choisis.

Le 7e et le 8e chapitre, « **La gestion de configuration et la maîtrise de la qualité** », décrivent des fonctions de facilitateur entre le client et le chef de projet. Pas toujours bien acceptés par l'équipe de projet, les qualiticiens sont souvent taxés d'empêcheurs de tourner en rond. Ils exercent des activités factuelles qui apportent la preuve de ce qu'est le résultat de la satisfaction ou non d'une exigence et donc d'un paiement.

La **quatrième et dernière** partie permet d'établir la conformité des résultats aux objectifs.

Le 9e chapitre, « **Les revues et les audits qualité** », fournit la vérification tangible de ce qui a été qualitativement produit. Les revues et audits qualité sont des formalités auxquelles il faut se soumettre.

Le 10e chapitre, « **Synthèse de la méthodologie** », est le résumé illustré de toute la méthodologie :

- la figure 10.1 définit en sept points les axes de la méthode, et répond ainsi à la question : comment s'y prend-on ?
- la figure 10.2, au travers d'un exemple concret, détermine l'ordre et le rang de la décomposition du travail à faire, et répond ainsi à la question : qu'a-t-on à faire ?

CONCLUSION

À partir de cette méthodologie, il y a lieu de décliner pour chaque type d'entreprise les manuels détaillés de conduite d'affaire.

Partie 1

QUEL EST LE CADRE DE LA DÉMARCHE ?

CHAPITRE 1

Énoncé de la méthodologie

1.1 Objet

A) LE PROJET

Un projet est caractérisé par un objectif à atteindre. Cet objectif, quel qu'il soit, attribue au projet un début et une fin. Durant cet espace de temps, il sera nécessaire de trouver les réponses au besoin d'organisation pour conduire et assurer la mission. C'est le rôle du maître d'œuvre et ses chefs de projet d'assumer cet objectif. Pour ce faire, ils auront une panoplie d'outils qui seront autant de moyens adéquats à employer en fonction de la complexité des situations rencontrées. Ainsi la mise en œuvre de la méthodologie est ajustée en fonction de l'importance, la difficulté et les enjeux de chaque projet.

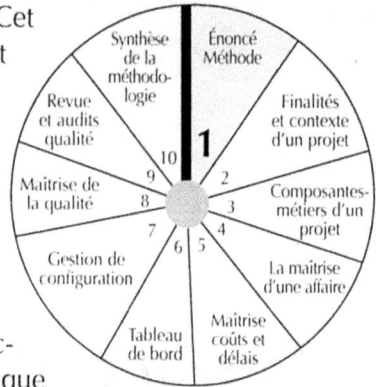

Cette méthode permet au chef de projet d'avoir à tout moment la vision d'ensemble de son projet[1]. Elle autorise également la prévision au sens où les conjectures, contraintes et contradictions sont à solutionner.

Le caractère didactique de la méthode est évident et son application dans le suivi du processus est la garantie d'une assurance qualité dans le management de projet.

B) UN MANAGEMENT DE PROJET ORIENTÉ CLIENT

Comprendre et satisfaire au besoin du client et simultanément manager avec prévision, c'est ce que permet la méthodologie proposée. Ses exigences sont de :

* définir les responsabilités de chacune des parties dans le projet et apporter satisfaction aux desiderata du client,
* réussir le lancement du projet,
* manager les disciplines de réalisation du projet,

---

1. Dès lors que le marché est passé, on préférera le vocable « affaire ou contrat » plutôt que celui de projet qui signifie « état de projet ».

- savoir déterminer le délai, mais aussi le coût final prévisionnel à terminaison du projet,
- savoir terminer le projet.

C) PROJET ET PRODUIT

Pour la suite de notre exposé, soyons clair sur la différence qui existe entre un projet et un produit.

Par exemple :

- Le produit, c'est la carte vitale ; le nouveau système de paiement électronique de la Sécurité sociale.
- Le projet, c'est la mise en place du mode opératoire du système des paiements entre les médecins, les assurés sociaux et leur remboursement par les caisses de maladie. Le projet est détenteur d'un objectif à atteindre avec une date de lancement et une date d'échéance.

1.2 Comprendre les besoins du client

Mais quel est-il, ce client qui investit dans un projet ? De quoi est-il porteur ?

Le client appelé maître d'ouvrage a ses concepts, ses exigences, ses références mais aussi le souci d'appliquer les normes nationales de son pays (NF, DIN, BSI...) et les normes internationales (ISO, DoD/MIL...) le cas échéant. Quel que soit le domaine (aviation, espace, génie civil, informatique, électronique, pétrole ou agro-alimentaire), un maître d'ouvrage ne manquera pas de détailler la liste des documents contractuels à appliquer, CDRL [2]. Ensuite, il indiquera ses exigences particulières liées au produit qu'on appelle l'exposé des travaux, SOW [3], objet de l'appel d'offres.

Malgré cela, si le fait de travailler suivant les normes est important, voire essentiel, celles-ci ne font que fixer des conditions à respecter. La méthodologie de management va au-delà d'une réponse à des obligations de normes. Elle est là pour répondre d'abord aux exigences du client.

---

2. *CDRL* : *Contract Data Requirement List.* Liste des documents contractuels à appliquer.
3. *SOW* : *Scope of Work.* L'exposé des travaux est aussi appelé « consistance du travail à faire ».

Pour ce faire, un plan de management ou plan directeur de projet ajusté aux exigences du client doit être établi.

Il est fixé parallèlement à la méthode de management par le maître d'œuvre titulaire du projet (figure 1.1). Il y a étalonnage.

Si ces conditions sont bien respectées, les deux parties, le client et l'entrepreneur, seront satisfaites et ce, dès le début du contrat.

On comprendra de ce fait combien il est important d'investir dans l'établissement de guides ou de procédures permanentes de management. Ces éléments feront partie du manuel de qualité du maître d'œuvre.

1.3 Le cycle du produit comparé aux cycles du projet

Le cycle produit

Pour un maître d'ouvrage, la logique d'organisation est celle du produit et de son cycle de vie.

Par exemple, pour une compagnie pétrolière, le produit est le carburant qu'elle vend. Le cycle de vie de ce produit est représenté par les différentes transformations que le carburant a subies au cours du temps (depuis l'essence ordinaire des années 1950, jusqu'à l'essence sans plomb des années 1970 ou le super actuel avec un indice d'octane 95 ou 98).

Le cycle projet

Pour un maître d'œuvre, la logique d'organisation est celle du projet et de sa réalisation.

Ainsi, pour reprendre notre exemple, la compagnie pétrolière a pour but de vendre son produit ; mais il doit être transformé en essence pour intéresser les clients.

Pour ce faire, il lui faut investir dans une raffinerie. Ce projet sera confié à un maître d'œuvre spécialisé possédant le savoir-faire afin d'étudier et construire ce type d'ouvrage.

Dans ce cas, l'opération se déroule en deux temps. Le maître d'ouvrage lance un appel d'offres. En retour, les différents maîtres d'œuvre consultés transmettent leur proposition pour la réalisation du projet. Le maître d'ouvrage sélectionne le maître d'œuvre qui lui convient. Il sera alors le titulaire, adjudicataire est le nom adapté, du projet de la raffinerie.

© Éditions d'Organisation

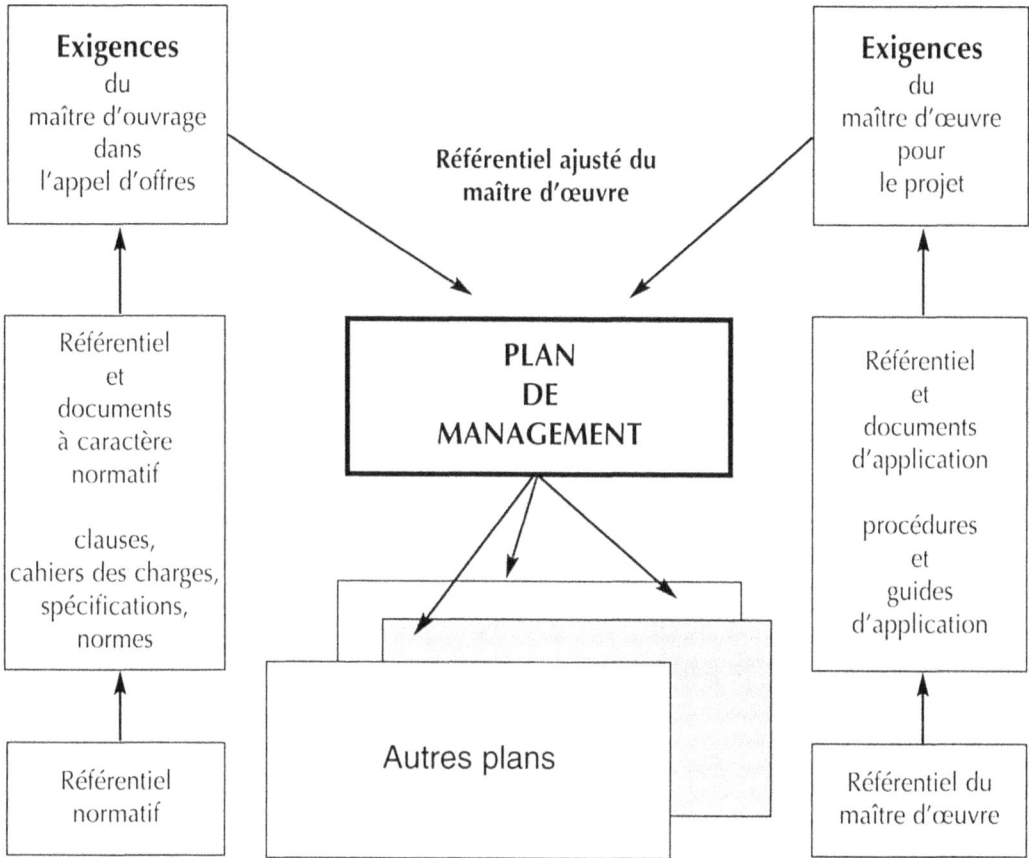

Figure 1.1 – La réponse aux exigences du client, le plan de management

La cohabitation entre le produit et le projet (figure 1.2)

Comment harmoniser la satisfaction des besoins du client et le service offert par le maître d'œuvre ? En développant aux différentes phases du projet des interfaces régulières et circonstanciées.

À cet effet, le maître d'œuvre étudie chacune des phases « produit ».

Il conçoit les moyens globaux à mettre en œuvre pour les réaliser. Puis il les parcellise pour les présenter au client. Dès ce stade des études qu'on appelle la conception, il montre au client que ses exigences sont déjà respectées.

C'est le point de contact recherché pour que les deux organisations soient harmonisées.

Si le client est satisfait, il valide cette étape puis passe à la suivante, et ainsi de suite jusqu'à la fin du déroulement du cycle, les essais.

Au point de contact précité, on retient :

- ce qu'il y a à faire (appelé *WBS*[4]) dans chaque brique,
- l'organisation et le savoir-faire à déployer (appelés *OBS*[5] et *ABS*) pour satisfaire à la mise en œuvre de la brique.

La logique de l'investissement liée au produit pour le maître d'ouvrage s'effectue en trois phases :

- la faisabilité (ou exploration du concept),
- la définition (ou validation du concept),
- le développement et la logistique associée jusqu'à la fin de la durée de vie du produit (réalisation et soutien opérationnel).

La logique du déroulement du projet pour un maître d'œuvre s'effectue en six phases majeures (globalement appelées « contrat ») :

- les études,
- les approvisionnements,
- la réalisation ou la construction,
- les essais,
- la mise en service et la remise du projet au client,
- la logistique d'accompagnement.

---

4. *WBS (Work Breakdown Structure)*, en français : Organigramme Technique ou travail à faire.
5. *OBS, Organizational Breakdown Structure* : ce sont les métiers. *ABS Activity Breakdown Structure* : ce sont les activités déployées ou la compétence requise pour exercer chaque métier. Par exemple : spécifier, concevoir, approvisionner, réaliser, valider, tester...

CYCLE PROJET

	PROJET		CONTRAT			
ÉTAPES	Appel d'offres	Proposition	Lancement	Exécution	Acceptation livraison	Garantie
JALONS	Décision d'offre ou non offre		Référentiel	Référentiel interne	Avancement physique	Facturation

CYCLE PRODUIT

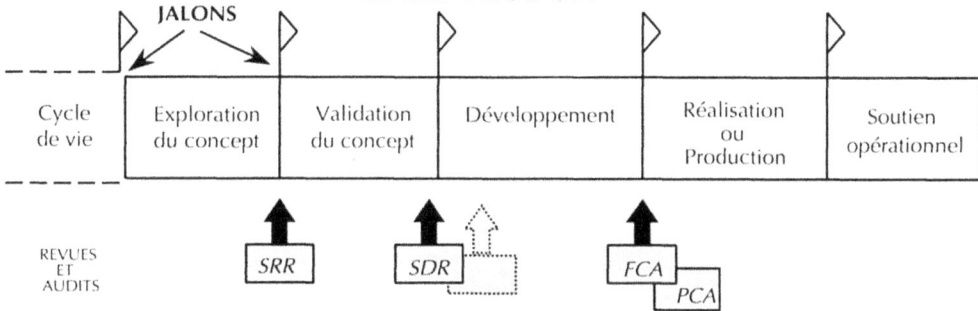

Cycle de vie	Exploration du concept	Validation du concept	Développement	Réalisation ou Production	Soutien opérationnel

REVUES ET AUDITS   SRR   SDR   FCA   PCA

SRR : System Requirements Review,   Revue des exigences du système
SDR : System Design Review,   Revue de conception du système
FCA : Functional Configuration Audit,   Référentiel fonctionnel
PCA : Physical Configuration Audit,   Audit de configuration physique

Figure 1.2 – Le cycle produit comparé au cycle projet

On verra dans les chapitres suivants le détail des articulations entre les cycles de vie du produit, les jalons et les revues du projet ainsi que les référentiels de configuration.

1.4 Le cahier des charges fonctionnel du maître d'ouvrage

Bon nombre de maîtres d'ouvrage lancent un appel d'offres pour la réalisation d'un projet. Cet appel d'offres est accompagné d'un cahier des charges dans lequel sont notées toutes les spécifications. Il est alors fréquent de constater que celles-ci sont, soit trop unilatérales, soit au contraire trop générales.

Même si le scénario est un peu réducteur, on observe les cas suivants :

- soit le maître d'ouvrage, entendons ses services techniques, a établi ses propres spécifications ; ce qui semble normal et compréhensif.

- soit le *lobbying* des fournisseurs, c'est-à-dire leur service mercatique, a si bien analysé les besoins du client que les spécifications jointes à l'appel d'offres sont à l'image de leur savoir-faire, écartant *de facto* la concurrence au profit de certains fournisseurs.

Pour ne pas s'en tenir à cette alternative, les donneurs d'ordre peuvent s'en affranchir en ayant recours à des outils faisant référence au management par la valeur. Il est dans notre cas une aide efficace à l'expression du besoin du produit pour le maître d'ouvrage.

La méthode consiste alors en une Analyse Fonctionnelle du Besoin AFB [6]. Celle-ci :

- assure la traduction des attentes des utilisateurs en termes fonctionnels. Cette AFB émane du service mercatique du maître d'ouvrage (ou d'une société de conseil),

- contribue avec la mercatique à la perception des attentes du marché.

La synthèse de ces attentes, recueillie dans le Cahier des Charges Fonctionnel, CdCF, indique les critères de choix du produit entre les solutions possibles.

Une fois les choix opérés, il devient plus aisé d'établir les spécifications de la fourniture.

Muni de ces éléments pour lancer un appel d'offres, un maître d'ouvrage a de meilleures chances d'être compris au point d'afficher des exigences incontournables par les maîtres d'œuvre ou les fournisseurs qui exécuteront le projet.

La levée des risques d'un produit est directement proportionnelle aux études qui mènent à sa définition (appelées études d'avant-projet dans les travaux publics) et au temps de mise en place sur le marché (figure 1.3).

------

6. Norme NF X 50-151.

Le rôle d'un service mercatique

La mercatique, marketing, est un ensemble de méthodes et d'outils destinés à définir, concevoir et promouvoir les produits adaptés au besoin de la clientèle et de l'environnement.

La mercatique, qui est une méthode de management, travaille selon quatre axes :

1. L'information. C'est l'écoute du marché.

2. Les études. Il s'agit de l'analyse de la valeur. Ce sont les sondages et les études qualitatives qui permettent de déceler la motivation des consommateurs. Celle-ci, par son analyse fonctionnelle, va permettre de découvrir les besoins de l'utilisateur. C'est par ce biais des fonctions et des contraintes qu'on rédigera le document qui traduira ces données ; il s'agit du Cahier des Charges Fonctionnel, CdCF.

3. La stratégie. Grâce à toutes ces études, il va être possible de préparer la stratégie commerciale.

4. L'aide à la décision. La mercatique écoute la réalité du marché. L'atout est d'avoir une vision globale, technique et commerciale du positionnement du produit sur son marché.

Par contre, toutes ces descriptions ne correspondent pas à une architecture de projet.

La raison en est que la mercatique se fonde sur le cycle de vie d'un produit, tandis que le projet ne correspond qu'à l'investissement d'origine et aux moyens nécessaires pour fabriquer, voire réhabiliter, le produit au cours de son cycle de vie.

Prenons l'exemple du marché des tondeuses à gazon.

L'application de la méthode de l'analyse de la valeur indiquera la tendance du marché pour les dix ans à venir. Le résultat de cette étude montre que le marché se portera sur les moto-tondeuses plutôt que sur les tondeuses manuelles.

Cette première conclusion peut paraître brève mais si la méthode a été bien conduite, elle est déterminante pour l'orientation et l'engagement du produit.

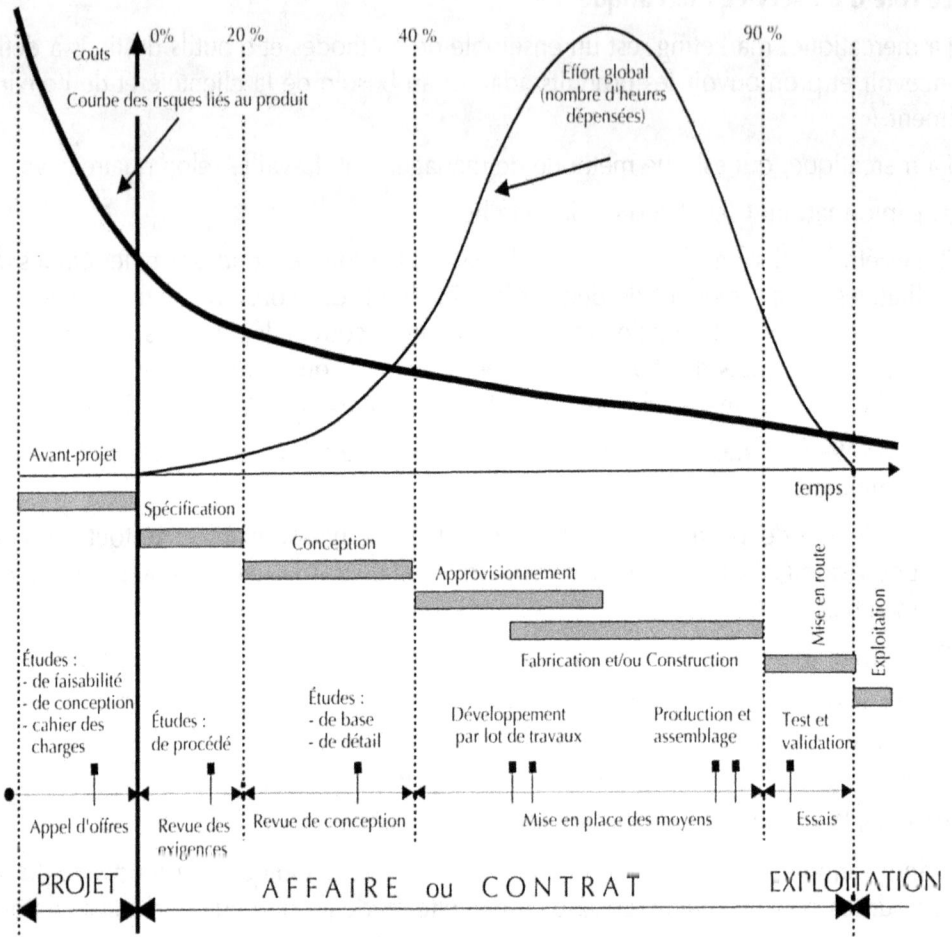

Figure 1.3 – Les phases de la vie d'un projet

Le CdCF, qui n'est autre qu'une synthèse de ces attentes, indiquera les critères de choix du futur produit entre les solutions possibles.

Dans notre cas, il indiquera par exemple les critères les plus sensibles souhaités (la puissance, la largeur idéale de coupe et les options à incorporer en passant par le bac à herbe et le réglage automatique de la hauteur de coupe, le type d'utilisateur) et en complément les moyens de production les plus réactifs.

Procéder ainsi, c'est prendre en compte les avis les plus exhaustifs avec les avantages et les inconvénients.

Quant au projet, c'est, rappelons-le, le but poursuivi par ce livre, il se résumera dans cet exemple à l'investissement nécessaire (lieu géographique, surface du terrain, type d'usine, train de machines, stock de matières premières et produits finis, mode de transport, etc.) pour fabriquer à la cadence voulue ces moto-tondeuses.

Les exemples sont nombreux de produits qui appellent un projet :

- une centrale atomique pour la production d'électricité d'une région appelée à se développer,
- le lancement d'une nouvelle ligne de parfum pour l'Asie,
- le lancement d'un missile antimissile depuis un navire de surface,
- le nouveau TGV à rames pendulaires pour les futures liaisons intra-européennes,
- le nouveau système de paiement électronique de la Sécurité sociale avec la carte vitale,
- etc.

Le concept de valeur

On définit le concept de Valeur [7] par l'application des services proposés ou vendus par une solution à un problème, en regard des ressources à y consacrer.

Ce concept est applicable à la préparation de toute décision de management (y compris au niveau politique et stratégique) ou, sur un plan opérationnel, applicable :

- aux investissements et approvisionnements de l'entreprise en ayant recours à l'Analyse Fonctionnelle du besoin et à l'Information orientée Fonction,
- aux choix de conception d'un produit (fourniture, procédé, mode d'organisation) en appliquant l'Analyse de la Valeur avec les démarches telles que l'Analyse Fonctionnelle du besoin, l'Information orientée Fonction et l'Analyse Fonctionnelle Technique,
- aux projets complexes et à contexte concurrentiel serré en suivant les principes de la Conception pour un Coût Objectif [8], CCO.

Même si tous les éléments (études, rapports) sont favorables, il reste encore une étape qui n'est pas paramétrable, il s'agit de la décision d'investir.

Ce choix est celui du décisionnaire.

---

7. Tel que proposé par l'AFAV, Association Française pour l'Analyse de la Valeur.
8. Démarche pratiquée aux USA sous le nom de *Design to Cost*.

Si l'opération réussit, les médias diront que « le patron a du nez » (par exemple le développement de VIVENDI) ; en réalité il a fait le bon choix.

Si l'opération ne réussit pas, par exemple l'échec du parfum de poche à prix banalisé par BIC, cela n'est pas dû à la méthode mais à la responsabilité finale de la décision.

La dernière étape, c'est-à-dire la responsabilité d'investir, n'est pas quantifiable !

En définitive, le cahier des charges est un outil utile et nécessaire. Pour un projet, il n'est que le véhicule de l'information client / fournisseur. Prendre la décision de l'utiliser ou pas, c'est-à-dire de lancer les consultations en vue de la mise en œuvre du futur produit est du ressort des dirigeants du maître d'ouvrage.

Pour la suite de ce livre, on considérera que la décision d'investir (que ce soit en interne ou en externe à l'entreprise) est favorable.

On peut donc développer utilement la première grande étape, le projet et sa mise en œuvre.

ON RETIENDRA

Il y a deux points de vue à considérer :

- celui du maître d'ouvrage. Il va investir pour le long terme. Son produit va passer par des phases de validation. La plus importante sera celle relevant du projet (validation, étude, réalisation, fabrication),
- celui du maître d'œuvre ou de l'entrepreneur qui est de proposer ses moyens humains et matériels (appelés aussi *functional organisation*) pour réaliser la première phase de l'investissement du maître d'ouvrage, le projet.

Dans le premier cas, le maître d'ouvrage va confier l'investissement de son usine ou de ses ateliers au marché. Il le fera au travers d'un appel d'offres. Celui-ci, accompagné d'un CdCF annoté de spécifications, décrira ainsi le contenu de ce qui est demandé avec les exigences requises.

Le but est de circonscrire ses risques durant cette phase d'investissement.

Dans le second cas, le maître d'œuvre adjudicataire du projet va devoir s'étalonner en vertu des exigences du client et s'organiser pour réaliser en qualité, en coût et en délai l'ouvrage demandé.

De son côté, le maître d'œuvre devra lui aussi circonscrire ses risques. En cela l'application de la méthode de management de projet avec ses outils lui permettra de s'en affranchir au plan organisationnel, financier et contractuel.

De façon moins formelle, un projet de développement interne (ou sur fonds propres) de l'entreprise n'en n'est pas moins écarté de ces principes d'organisation.

CHAPITRE 2

Finalités et contexte d'un projet

Un projet est conduit par un chef de projet. Il est nommé par sa hiérarchie pour conduire l'ensemble des prestations relatives :

• à tout ou partie des commandes de clients,

• à des projets internes du maître d'œuvre (études, développement, prototype, R&D).

Le chef de projet a donc le rôle et l'autorité d'un maître d'œuvre délégué.

Réciproquement, le chef de projet du maître d'ouvrage doit avoir les mêmes prérogatives.

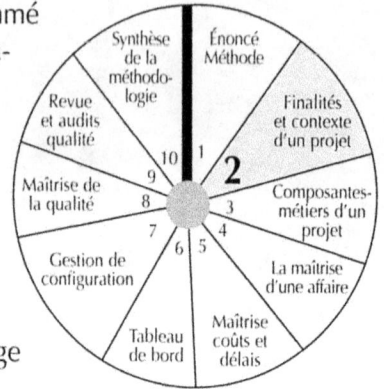

2.1 Les finalités d'un projet

L'objectif du client est d'obtenir ce qu'il a commandé conformément à son besoin en délai, en performance et en qualité. En contrepartie, l'objectif du maître d'œuvre ou de l'entrepreneur est d'assurer la satisfaction du besoin du client aux prix, délai et à la qualité requis.

Un projet est conduit au profit d'un ou de plusieurs types de clients, privés, civils ou militaires, en France ou à l'exportation.

Un maître d'œuvre se doit d'être compétitif.

Aussi, dans le cadre du domaine de compétence d'un maître d'œuvre, les finalités d'un projet sont d'établir un prix de vente correspondant au marché. Ce prix doit assurer un profit financier, des équipements ou des prestations, répondant aux exigences négociées et vérifiables (lot, avancement physique...) par le client.

Il importe pour l'entreprise de faire converger ses propres objectifs avec ceux du client lors des négociations dont la cible est la signature du contrat de vente liant les deux parties.

Bien que cette étape relève plus du responsable commercial que du chef de projet, ce dernier doit participer activement tant aux négociations qu'au projet de contrat en vue de sa conclusion.

34

2.2 Les relations contractuelles

2.2.1 LES RELATIONS ENTRE LE CLIENT MAÎTRE D'OUVRAGE ET LE MAÎTRE D'ŒUVRE

Une relation client fournisseur suppose un climat de confiance entretenu par des échanges réguliers d'informations pendant la durée d'exécution du contrat.

Indépendamment du contrat, cette relation doit être définie par un protocole [1] entre un maître d'ouvrage, c'est-à-dire le client qui a exprimé le besoin et un maître d'œuvre, c'est-à-dire le constructeur qui est représenté par un chef de projet.

Ce protocole qui n'est pas le contrat, rappelons-le, ni le plan de management, permet d'appréhender bien des différends.

Malgré ces dispositions, un client aurait tort de fermer les yeux et d'attendre le terme du contrat sans qu'il ait d'éléments soit à contrôler, soit à faire valoir.

Par exemple, les contrats au forfait ou clés en main ont cette fâcheuse tendance : le client paie aux échéances tandis que le fournisseur entre chaque échéance ne l'informe de rien.

Forts de cet état de fait, les clients s'entourent de compétences que d'aucuns appellent assistance à la maîtrise d'ouvrage.

Le degré de visibilité que le client aura sur le déroulement du projet est un des points essentiels de la négociation.

Le contrat doit donc préciser les informations que le fournisseur, après négociation avec le client (ou l'assistant à la maîtrise d'ouvrage), doit lui donner en cours d'exécution du contrat dans leur nature, leur niveau de détail et leur périodicité.

Il faut également tenir compte des limitations introduites par la notion de propriété industrielle (plan de procédé ou dossier de fabrication).

On veillera ainsi à ce que ne soient pas confondus, prix, coût et dépense, lots commerciaux et lots de travaux.

En contrepartie, la visibilité accordée au client durant l'exécution du contrat a un coût. Le client doit en avoir conscience.

---

1. Les Anglo-Saxons appellent cela un *MOA* : *Memoradum Of Agreement.*

En fonction de ses priorités, le client adoptera une stratégie qui lui convient (figure 2.1) quant au transfert du risque s'il est frileux ou de la qualité s'il est sur un marché concurrentiel. Il faut l'éclairer sur le prix de ses exigences particulières qu'il doit accepter de supporter.

On citera la mise en place d'outils spécifiques et exigés par le client tels l'avancement progressif des réalisations ou encore des jalons de qualité sanctionnant des étapes. Cela doit faire l'objet d'un poste du contrat dont le montant est à négocier.

PRIORITÉS DU MAÎTRE D'OUVRAGE		Lots séparés	Entreprise générale	Entreprises groupées	Société d'ingénierie	Architecte industriel
1	Achèvement au plus tôt					
2	Complexité technique élevée du projet					
3	Qualité des travaux ou des prestations					
4	Certitude du coût d'achèvement					
5	Plus bas coût des travaux					
6	Transfert du risque					
7	Contribution à la conception					

Figure 2.1 – Matrice de choix de marchés

Mais attention, cette visibilité négociée et définie contractuellement est particulièrement contraignante pour le maître d'œuvre et en particulier dans le domaine de la maîtrise des coûts. C'est pourquoi les niveaux de contraintes acceptables dépendent de la nature des contrats concernés.

Un suivi des coûts en temps réel :

• n'est pas acceptable dans les contrats à prix forfaitaire ou à prix provisoire plafond dans lesquels la totalité du risque est supportée par le maître d'œuvre,

• peut être envisagé à titre exceptionnel dans les contrats négociés au cas par cas.

Dans le premier cas, bien que le suivi des coûts soit établi par le maître d'œuvre, ces éléments seront transformés en prix et transmis au client qu'à l'occasion d'étapes contractuelles ou de lots facturables.

Dans le second cas, on citera les contrats en dépenses contrôlées, sachant que ce qu'on présentera au client ce seront les dépenses mais traduites sous forme de prix. La procédure, le niveau, la périodicité, les quantités et la présentation du prix encouru (ou la situation à date) sont à négocier au cas par cas.

2.2.2 LES RELATIONS AVEC LES ORGANISMES DE SURVEILLANCE OU DE CONSEIL DU CLIENT

Indépendamment des dispositifs de délégation du client vis-à-vis du maître d'œuvre, le client peut s'entourer de société ou d'organisme de surveillance.

Ces organismes ont pour but de valider au plan qualitatif le travail présenté nonobstant le travail du service qualité de l'entrepreneur, lequel applique des normes standard ou internationales comme l'ISO 9000.

Le bien-fondé de la démarche se retrouvera à terme lorsque l'ouvrage ou les équipements seront terminés. Alors les assurances et la garantie de bon fonctionnement pour l'exploitation seront d'autant moins pénalisantes que l'apport de garantie de qualité aura été prouvé.

On citera les organismes mandatés par le client tels :

- la société d'assistance à maîtrise d'ouvrage [2],

- la DPMSQ (la Direction des Programmes et Méthodes d'acquisition du Service Qualité) pour l'armement,

- les conseils, *advisor*, retenus selon la nature des contrats (figure 2.1),

- les sociétés de surveillance ou d'expertise, par exemple la SGS Suisse (Société Générale de Surveillance) pour les contrats internationaux ou se rapportant aux matières agricoles.

2.2.3 PRIX, COÛTS, FINANCEMENT

Notion de prix de vente

Les fournitures et les équipements vendus contractuellement le sont au prix convenu, il s'agit du prix de vente.

---

2. Cette fonction est souvent effectuée par les « *quantity surveyor* » en Grande-Bretagne, Australie, Canada et par les « *project control manager* » en France, États-Unis, Grande-Bretagne, Italie…

Le prix de vente peut être associé à un lot commercial, un avancement physique. Les contrats peuvent être à prix initial définitif (prix forfaitaire), à prix provisoire plafond ou à prix en dépenses contrôlées (ou régie).

En tout état de cause, seul le prix, voire le tarif, est communicable au client ou sur le marché. Un prix est toujours négociable.

En revanche, un coût n'est pas à communiquer. Il est encore moins négociable. Un coût est la propriété de l'entreprise.

La méthode d'établissement d'un prix de vente

Un prix de vente s'établit généralement comme suit :

$$\frac{\text{Coût Prévisionnel de Production} + \text{Coût Hors Production}}{1 - (\text{Fsv} + \text{Mng} + \text{Mc})} = \text{Prix de Vente}$$

Légende

FSV : frais spécifiques de vente, en pourcentage

Mng : marge de négociation, en pourcentage

Mc : marge commerciale, en pourcentage

Il y a deux méthodes pour établir un prix de vente, examinons-les afin de faire le bon choix (NOTA 3).

Notion de formation de coût

De façon simplifiée, un coût est la somme des frais qu'il faut mobiliser pour satisfaire un besoin. À partir de ce principe, la composition d'un prix de vente est ainsi obtenue :

- Coût Prévisionnel de Production (CPP) = coût d'achat + coût de main-d'œuvre + frais,
- Coût de Revient Complet (CRC) = Coût Prévisionnel de Production + Coût Hors Production (CHP),
- Prix de Vente (PdV) = Coût de Revient Complet (CRC) + coûts annexes + marge.

À cela s'ajoutent quelques éléments de structure d'un coût qu'il faut avoir présent à l'esprit en cas de négociations ultérieures, en particulier pour les suppléments ou pour certaines polices d'assurance. Il s'agit :

- de la part fixe (frais fixes récurrents) et la part variable d'un coût (frais imputables qu'au seul projet),
- de la valeur ajoutée (coût de revient - frais d'achat).

Dans l'annexe 1, nous verrons l'intérêt de l'utilisation du code des coûts pour structurer les estimations des coûts du devis ou des prix de la proposition en fonction de l'emploi souhaité, par nature, par destination ou par phase de progression (figure 2.2).

Le Financement

En tant que maître d'œuvre (figure 2.3), il faut distinguer :

- la trésorerie client (somme des acomptes) qui peut être remboursée en tout ou partie au client si les objectifs ne sont pas tenus,
- les besoins en trésorerie qui sont couverts par les paiements partiels prévus contractuellement et déclenchés sur des clés convenues ou à intervalles réguliers (1,3,6 mois),
- le chiffre d'affaires. Il correspond à l'émission d'une facture pour solder un lot ou une affaire.

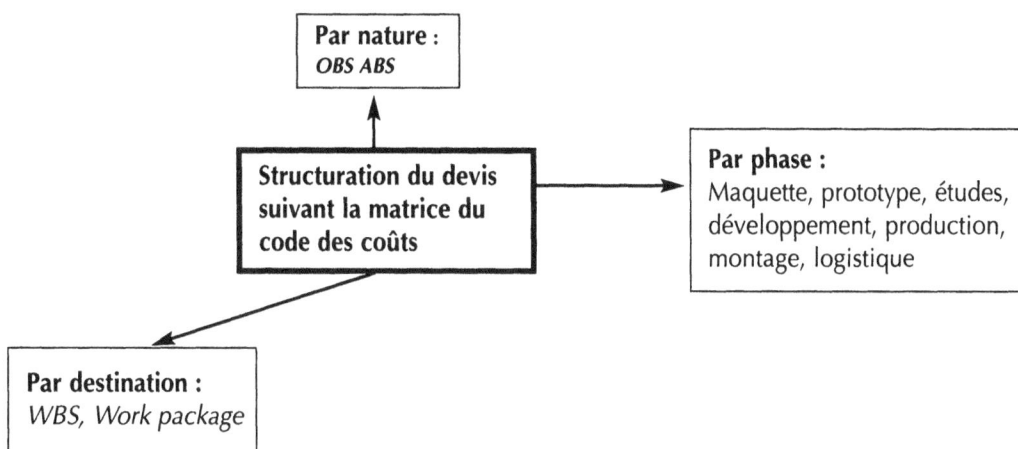

Figure 2.2 – Les trois types d'affectation d'un coût selon la destination requise

En tant que maître d'ouvrage, il faut distinguer :

• si le paiement de l'acompte comprend bien la prestation physique demandée (et non pas la consommation encourue par l'entrepreneur),

• si la demande de paiement est contractuelle ou pas.

C'est pourquoi il est recommandé aux maîtres d'ouvrage de négocier des lots à courte durée plutôt que des lots importants et à longue échéance.

Indépendamment des dispositions de bonne volonté entre les parties, il y a aussi des dispositions à prendre dans le cadre de contrats importants ou internationaux.

Il s'agit de couvrir des risques. En cela les banques ou les assurances permettent de se couvrir de tout ou partie de ces risques, que ce soit pour le client vis-à-vis de son fournisseur ou *vice versa*.

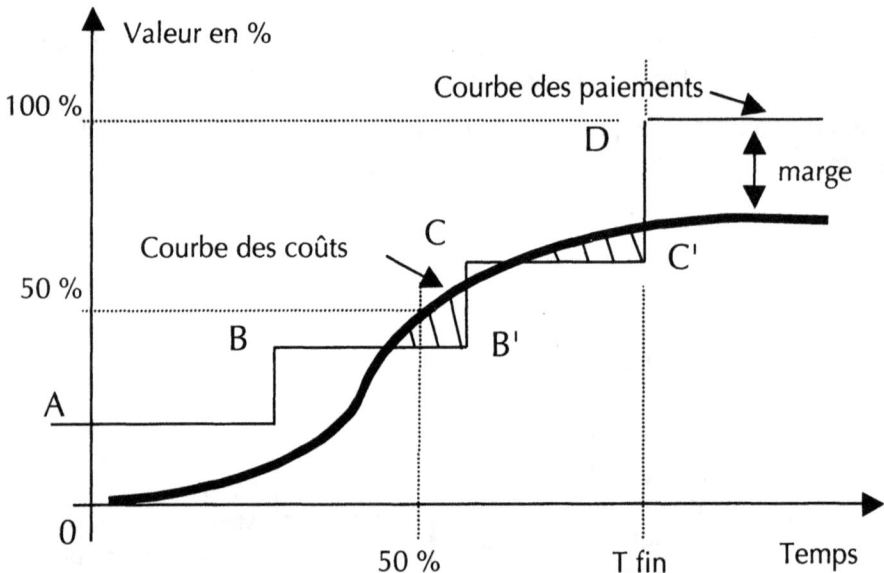

Légende

A : acompte à la commande

B, C : acomptes intermédiaires

D : paiement définitif du contrat avec émission de facture

B' et C' : besoin en trésorerie du fournisseur

Figure 2.3 – Courbes illustrant les besoins en financement

On citera quatre catégories :

A) Les cautions
- de soumission,
- de restitution d'acompte,
- de bonne fin d'exécution,
- de garantie,
- de retenue de garantie.

B) Les risques
- économique (précaution surtout en période d'inflation du maintien du prix jusqu'à terme), voir le commentaire ci-dessous,
- crédit (impossibilité pour l'assuré de recouvrir tout ou partie de sa créance),
- commercial (insolvabilité de l'acheteur ou carence),
- de fabrication (le matériel fabriqué reste à la charge du fournisseur),
- politique (faits politiques faisant obstacle à l'exécution du contrat),
- catastrophe naturelle (cyclone, tremblement de terre…),
- de change (variation du cours de la monnaie de compte par rapport à l'euro).

C) Le montage financier
- l'assurance crédit (couverture du risque crédit ou le risque de fabrication),
- crédit fournisseur (crédit consenti par un exportateur à un acheteur étranger),
- crédit acheteur (crédit consenti par une banque française à un emprunteur étranger pour lui permettre de régler au comptant les biens fournis par un exportateur français),
- crédit documentaire avec le complément, irrévocable et confirmé (paiement sur justificatif).

D) Les compensations

Bien que non classables dans les risques, les compensations peuvent obérer le ROI (retour sur investissement) du projet et dégrader la marge. Elles recouvrent plusieurs cas :

- le troc, *barter*, s'analyse comme moyen de financement, le fournisseur se faisant payer en marchandises,

- le contre-achat, obligation commerciale qui conduit à des opérations de rachat de biens chez le pays client,

- les compensations, *offsets*, constituent au profit du pays client un transfert de technologie, formation, assistance technique, etc. (en anglais compensation signifie rémunération),

- l'achat en retour : le fournisseur s'engage à reprendre une partie de la production générée par son investissement.

NOTA 1 : commentaire à propos des risques économiques

C'est parmi tous les types de crédits, un de ceux qui restent à la fois difficile à mettre en place et à terme recouvrer le versement de l'indemnité.

La pratique recommande de structurer le devis de l'offre suivant le code des coûts et de manager le projet avec ce dispositif. On en mesurera le bien-fondé lorsqu'à l'achèvement du projet, c'est-à-dire à l'issue de la réception, on appellera l'assurance.

Il se sera passé 30 à 36 mois et de coutume, la mission de contrôle ne vient que 5 à 8 mois après la réception du contrat...

Voilà un exemple qui a démontré l'utilité de l'application du code des coûts. Au fur et à mesure des engagements, ceux-ci ont été logés dans les lignes budgétaires appropriées. Compte tenu de la clarté du dispositif : à chaque poste du budget initial correspond l'engagement, la dépense finale et la dérive économique.

Dès lors que ces enregistrements sont regroupés en fonction des cycles, à savoir :

- études,

- fournitures,

- transport,

- montage,

- essais,

le règlement de l'indemnité pourra être payé tel qu'espéré et surtout sans réserve.

Ceux qui ont vécu l'inflation à deux chiffres durant les années 1970 doivent encore se souvenir du bien-fondé de cette disposition plutôt que la traditionnelle décomposition comptable.

2.3 Les cycles d'un projet

2.3.1 LE CYCLE CLIENT

Les clients élaborent des programmes qui donnent lieu à l'attribution de contrats.

La volonté de minimiser les risques associés à toute nouvelle réalisation implique l'élaboration d'un produit par étapes successives et bien définies.

C'est ce qu'on appelle le cycle de vie. Il s'articule ainsi pour les deux types de biens intermédiaires et durables les plus représentatifs :

INDUSTRIELS	BÂTIMENT TRAVAUX PUBLICS
1. Exploration du concept, analyse du besoin	1. Concept (programme)
2. Démonstration et validation du concept	2. Avant-projet sommaire
3. Développement, qualification	3. Avant-projet détaillé
4. Production/fabrication/construction	4. Exécution des travaux, réception
5. Exploitation	5. ———————————————
6. Soutien opérationnel	6. Travaux d'entretien, énergies
7. Retrait du marché	7. Rénovation, démolition

Le résultat de chacune des phases constitue un jalon au cours du programme d'acquisition global du système. Chaque jalon permet d'identifier, de quantifier et donc de s'affranchir des risques à encourir. Il est aussi l'occasion pour le client d'ajuster la valeur de l'investissement et les conditions de poursuite du programme avec les fournisseurs.

On voit que les cycles de vie sont idéalisés. En fait, des itérations peuvent être admises à l'intérieur d'une phase et même d'une phase à l'autre (remise en cause, nouveaux développements,…).

2.3.2 LE CYCLE AFFAIRE OU LE CYCLE PROJET

Un projet peut se dérouler sur tout ou partie du cycle de vie. Il peut ne concerner qu'une seule phase et donner lieu à un ou plusieurs types de contrats.

Le cycle de vie d'une affaire se définit comme un ensemble ordonné de phases, de processus et de revue (examens méthodiques).

Une affaire progresse au travers de la réalisation d'un produit depuis l'offre jusqu'à la mise en service, son maintien en condition opérationnelle et son retrait.

Le système [3] représente le niveau le plus haut du projet. Il comprend le système principal et le système de soutien. Il est décomposé suivant l'organigramme des tâches, *WBS* [4], par niveau d'arborescence des sous-ensembles (matériels, logiciels).

	PROJET		CONTRAT			
étapes	**APPEL D'OFFRES**	**PROPOSITION**	**LANCEMENT**	**EXÉCUTION**	**ACCEPTATION LIVRAISON**	**GARANTIE**
jalons	DÉCISION BID [5]/NO BID	RÉFÉRENTIEL CONTRACTUEL		AVANCEMENTS INTERNES	FACTURATION	
finalités	Comprendre les besoins du client et son contexte	Négocier le contenu en performance, prix, délais et exigences	Structurer les travaux et objectifs aux responsables	Mesurer les écarts, risques. Tenir les objectifs	Conformité administrative, technique, sans réserves	Fidéliser le client

Le système au travers du *WBS* représente ce qu'il y a à faire, c'est-à-dire la demande du client.

À l'opposé, les processus de mise en œuvre, l'*OBS/ABS/RBS*, tels que la conception préliminaire, l'industrialisation, les qualifications, etc., qui sont jalonnés de revues, permettent de cadrer leur progression dans chacune des deux visions du système et des sous-ensembles.

---

3. Système : terme générique désignant l'ensemble organisé autour du produit et comprenant tous les équipements nécessaires à sa mise en œuvre.

4. WBS : *Work Breakdown Structure* ou organigramme des tâches. Cela correspond à la décomposition par niveau de l'arborescence des tâches contractuelles à exécuter.

5. *BID* : enchérir ou répondre à un appel d'offres.

Ce processus représente les phases ou les étapes de progression de l'affaire.

Les revues sont des examens méthodiques, effectués sous la conduite de l'assurance qualité par une équipe pluridisciplinaire ; des résultats obtenus à un moment donné en vue de valider ou non l'étape.

Elles jalonnent :

- le passage entre deux phases,
- les étapes-clés d'un processus.

2.4 Les principes d'organisation d'un maître d'œuvre

2.4.1 PRINCIPE DE MANAGEMENT

La conduite de projet est le domaine privilégié d'application du principe de management tel qu'il ressort du référentiel de qualité du constructeur.

2.4.2 LES ORGANISATIONS DE PROJET

Depuis ces quinze ou vingt dernières années on parle d'organisation par projet. Cette disposition, bien qu'en vigueur dans le bâtiment et les travaux public depuis la dernière guerre, nous est venue des USA par le DoD, *Department of Defense*, vers le début des années 1980. Plus récemment, la norme X50-105 [6], parue en 1991, en définit le concept.

Avant de décider ou non de s'organiser par projet, examinons à l'aide de la figure 2.4 les critères de réussite à satisfaire.

Le choix pour une entreprise de s'organiser en management par projet, correspond à un bouleversement des habitudes et des méthodes.

Cela est subi comme une contrainte, en particulier pour les directions techniques qui perdent une partie de leur pouvoir au profit des directions de projet, ainsi que pour les services comptables, en particulier le contrôle de gestion.

Ces derniers auront à revoir leurs principes de centre budgétaire et la façon de calculer les taux en application des principes de répartition des *overhead* (coordination de projet et des frais improductifs tels qu'achat, secrétariat, qualité) par lots de travaux.

---

6. Publiée par l'AFNOR.

Au contraire, ne pas appliquer les méthodes recommandées correspondrait à une organisation travaillant dans l'à peu près.

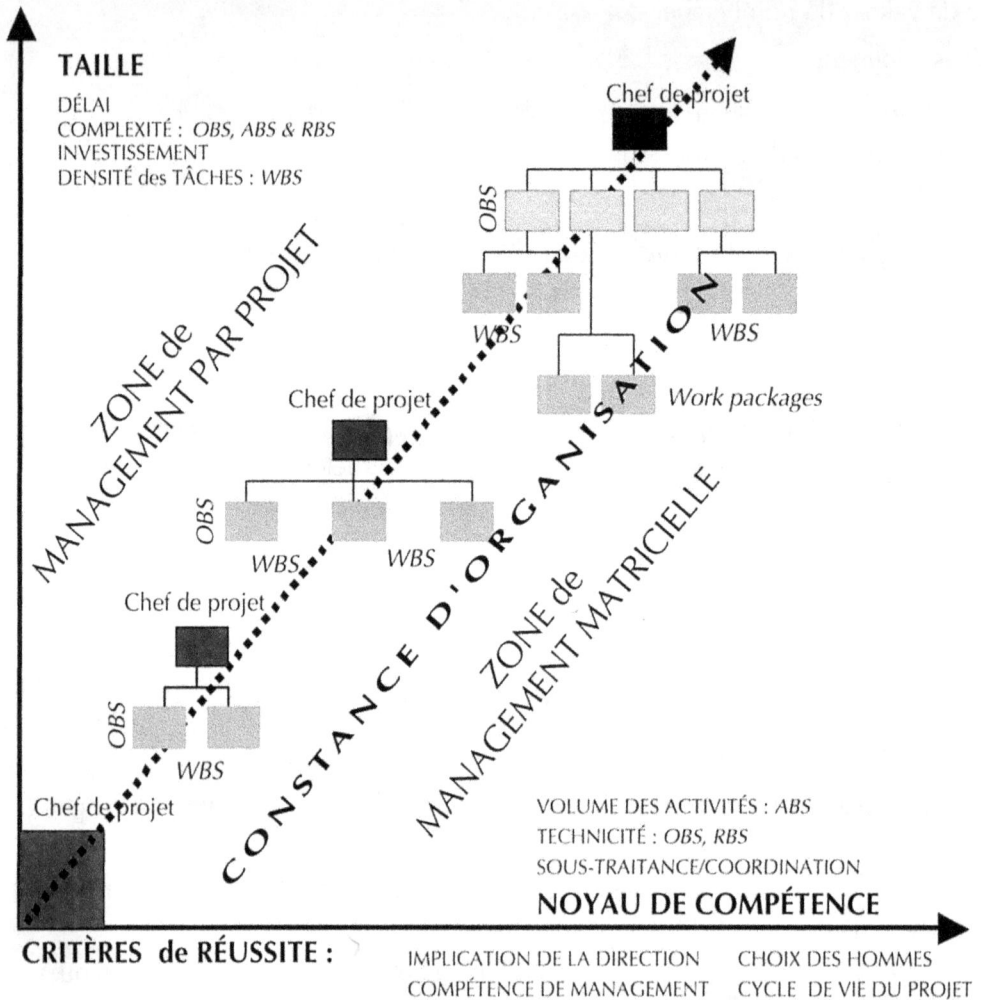

Figure 2.4 – Les critères de réussite pour satisfaire un management par projet

Mais si l'entreprise s'efforce de s'adapter à ce type d'organisation, ce qui somme toute rassurera les clients, il y a une contrepartie dont nous n'avons pas encore parlé, il s'agit de la dimension humaine.

L'organisation par projet est vécue de façon satisfaisante quand on commence un contrat. On mobilise tous les moyens pour satisfaire les besoins.

Mais il y a la suite et surtout la fin du contrat. Un contrat ne se termine pas d'un seul coup. Pour prendre une image, un contrat ne se termine pas comme un match de football ; après le coup de sifflet final, les spectateurs vident le stade en cinq minutes et rentrent chez eux.

Un contrat démobilise ses effectifs au fur et à mesure de l'avancement des cycles de l'affaire.

La question qui se pose est celle du personnel, l'*OBS*, qui a donné ses compétences, l'*ABS*, et dont on est amené à se séparer dès leur prestation terminée.

Où vont-ils ensuite ? Quel service de l'entreprise, voire quel autre contrat, va les faire travailler ? Quel profil de carrière faut-il privilégier pour passer de projet en projet ?

C'est pourquoi les entreprises et principalement les maîtres d'œuvre ont en fonction des critères décrits dans la figure 2.4, adopté des organisations souples visant a protéger leur savoir-faire et leurs compétences parmi les quatre types d'organisations de la figure 2.5.

Parmi celles-ci, le choix sera fonction des critères tels qu'indiqués dans la figure 2.4.

Le choix le plus intéressant, compte tenu de toutes les contraintes, est celui de type III, Le DIRECTEUR DE PROJET. C'est aussi celui qui a notre préférence.

NOTA 2 : le protocole administratif

Un protocole reprend de façon moins formelle les éléments du contrat. Un protocole est généralement administratif. À titre d'exemple, voici un sommaire de protocole :

- But,
- Identification et adresse des représentants,
- Fréquence et lieu des réunions, personnels et signataires autorisés,
- Règles de correspondance (lettre, fax, internet, téléphone),
- Relations (destinataires des documents et de la correspondance, réunions de travail),
- Règles d'ingénierie, obligations contractuelles,
- Prestations d'ingénierie, documents généraux,
- Prêt ou mise à disposition de matériel, de terrain ou de produit (ingrédients, consommables, énergie, facilités),
- Documents d'emploi,
- Formation des exploitants.

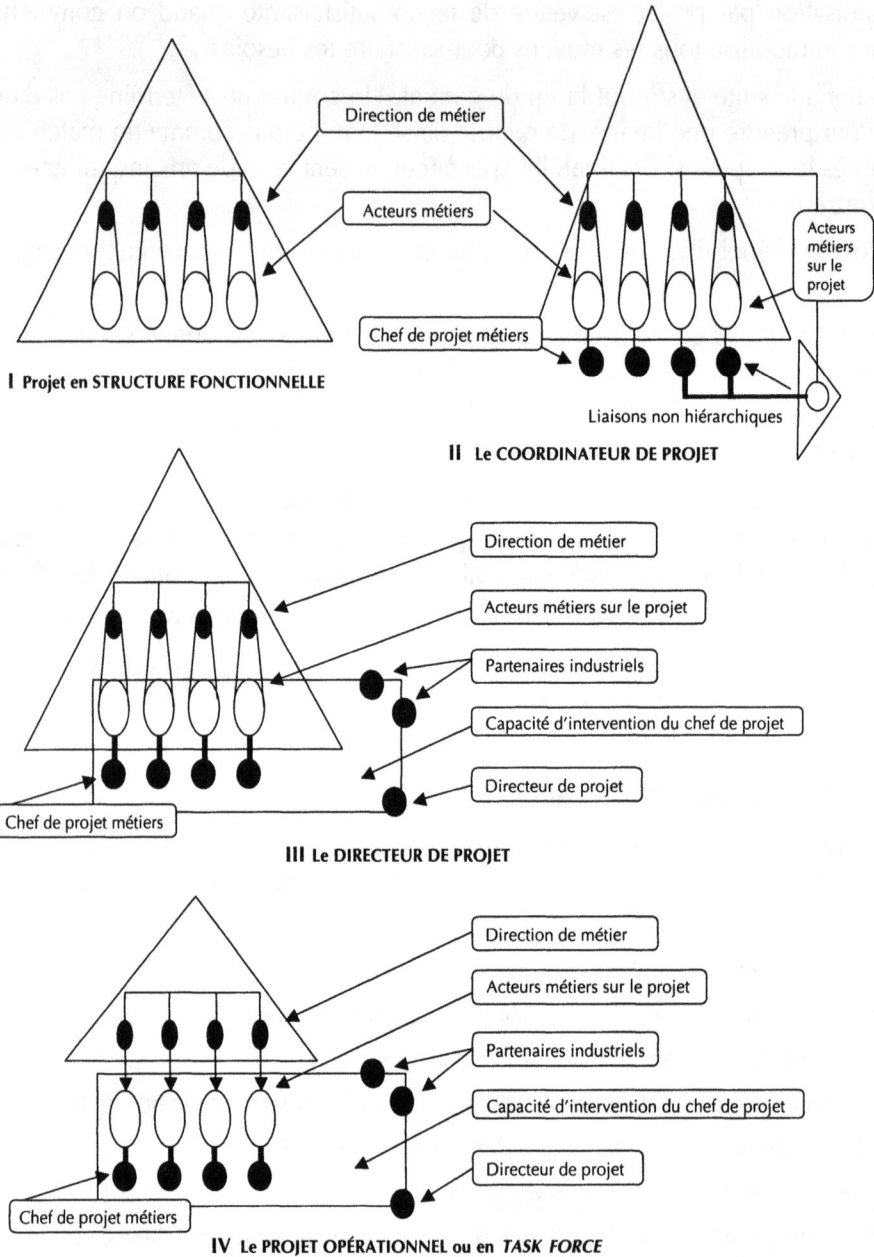

I **Projet en STRUCTURE FONCTIONNELLE**

II **Le COORDINATEUR DE PROJET**

III **Le DIRECTEUR DE PROJET**

IV **Le PROJET OPÉRATIONNEL ou en** *TASK FORCE*

Figure 2.5 – L'OBS, les quatre principaux types d'organisation

NOTA 3 : les deux méthodes de confection d'un prix de vente

PREMIÈRE MÉTHODE	DEUXIÈME MÉTHODE

PREMIÈRE MÉTHODE

Hypothèse : $k = \dfrac{1}{1- (Fsv + Mng + Mc)}$

Fsv = 20%   Mc = 20%   Mng = 10%

Prix : $= 1x \dfrac{1}{1- (0,20 + 0,20 + 0,10)} = 2$

Bilan :

$Prix = 2 \quad Mc = \dfrac{0,6}{2} = 30\,\%$

Prix net = 1,6

– CRC   = –1,0

Résultat = 0,6

Mc = 20 %

Mng = 10 %

Bilan prix plancher :

Prix plancher 2 x 0,9 =1,80

Prix net   = 1,44

– CRC   = –1,00   Coût Revient Complet

Résultat   = 0,44

Soit une $Mc = \dfrac{0,64}{1,8} = 24,4\,\%$

Bilan « Rock Bottom Price » :

$RBP : = 1x \dfrac{1}{1 - (0,20 + 0,20)} = 1,66$

Prix net   = 1,33

– CRC   = –1,00

Résultat   = 0,33

Marge de manœuvre $= \dfrac{PdV- RBP}{PdV} \times 100$

Marge de manœuvre résiduelle $= \dfrac{PdV'- RBP}{PdV'} \times 100$

CONCLUSION :
On donne une marge de négociation et on constate une marge de manœuvre

DEUXIÈME MÉTHODE

Hypothèse : $k = \dfrac{1}{1- (Fsv + Mc)} \times \dfrac{1}{1- Mng}$

Fsv = 20%   Mc = 20%   Mng = 10%

Prix $= 1x \dfrac{1}{1- (0,20 + 0,20)} \times \dfrac{1}{1- 0,10} = 1,85185$

Bilan :

$Prix = 1,85185 \quad Mc = \dfrac{0,48}{1,85} = 26\,\%$

Mc = 20 %

Mng = 6 %

Prix net = 1,48148

- CRC   = –1,0000

Résultat = 0,48148

Bilan prix plancher :

10 % représentent la marge de manœuvre et non pas la marge de négociation. Voici la preuve :

Prix x   0,9 =1,85185 x 0,9   = 1,6666

– Prix net   = –1,333

Résultat   = 0,333

Bilan « Rock Bottom Price » :

Si 10 % égalent la marge de manœuvre, la marge de négociation sera alors de : 6 %. Ce qui est équivalent à :

$Kc = \dfrac{1}{1- (0,20+0,20+0,006)} = 1,85185$

CONCLUSION :
Dans ce cas, on donne en fait une marge de manœuvre et on constate une marge de négociation.
Cette méthode n'est pas rigoureuse car il y a un changement d'assiette.

Cette méthode peut présenter des risques en cours de négociation. La confusion est de confondre le prix plancher avec le « Rock Bottom Price ! »

Prix de l'offre

Marge de négociation = 10 %

Marge de manœuvre = 16,6 %

Prix plancher

7,8 %

Rock Bottom Price

Marge de manœuvre résiduelle pour décideur = 7,8 %

Examinons avec la première méthode les effets produits d'une remise successive de 10 % et de 5 % du prix de vente.

Mng	Prix de vente	Prix net	CRC	Résultat	Mc	Marge de manœuvre	Commentaires
		=PdV-(PdVx%Fsv)		= Prix net-CRC	$=\dfrac{\text{résutat}}{\text{Pdv}} \times 100$	$=\dfrac{\text{PdV-RBP}}{\text{Pdv}} \times 100$	Manœuvre
Initiale = 10 %	2	1,6	1	0,6	30 %	**16,67 %**	Totale
Remise = – 10 %	1,80	1,44	1	0,44	24 %	**7,8 %**	Résiduelle 1
Remise = – 5 %	1,710	1,368	1	0,368	21,5 %	**2,9 %**	Résiduelle 2

Issus de cette deuxième baisse, on rémunérera encore les Fsv et la marge, en voici la preuve :

1,710 x 0,2	=	0,342 pour les Fsv
1,710 x 0,2	=	0,342 pour la marge
sous-total	=	0,684
déduire RBP	=	– 0,666
reste	=	0,018 soit 1,8 % pour une ultime baisse !

légende

CRC : Coût de Revient Complet

FSV : Frais Spécifiques de Vente (frais attachés au prix de vente)

Mc : Marge Commerciale

Mng : Marge de négociation (marge avec laquelle on peut négocier sans pour autant en référer à la hiérarchie)

PdV : Prix de Vente

RBP : *Rock Bottom Price* (en deçà de cette remise, on n'a plus de marge, on touche directement à la santé du coût de l'affaire).

© Éditions d'Organisation

On retiendra

Depuis le projet jusqu'au cœur du contrat, le chef de projet sera à même de conduire son activité :

- en se positionnant par rapport au déroulement du contrat (les phases du cycle de vie),

- en menant l'ensemble des relations client/fournisseur et en pratiquant l'indispensable ajustement des exigences (obtention du rapport coût/efficacité optimum),

- et en adoptant une stratégie d'organisation qui réponde aux critères de réussite :

    • implication de la direction de l'entreprise (le maître d'œuvre),

    • compétence du management (organisation, savoir-faire, prévision),

    • choix des hommes (ressources humaines, qualité des relations),

    • satisfaction du résultat (marge, délai, qualité).

PARTIE 2

COMMENT FONCTIONNE
UN PROJET ?

Les composantes-métiers
d'un projet

Dans le premier chapitre, nous avons traité de la façon dont un maître d'ouvrage se préparait à investir en utilisant le cahier des charges, à la fois comme outil formalisant ses besoins et comme vecteur de communication avec ses fournisseurs.

Dans le second chapitre, nous avons analysé comment, en réponse, le futur maître d'œuvre s'organisait et s'étalonnait pour satisfaire aux besoins de la demande.

Dans ce troisième chapitre, nous examinerons plus en détail le déroulement et le traitement d'une affaire vu cette fois sous l'angle de L'*OBS/ABS*, c'est-à-dire la manière de s'y prendre et les outils utilisables pour chaque catégorie de métier concerné.

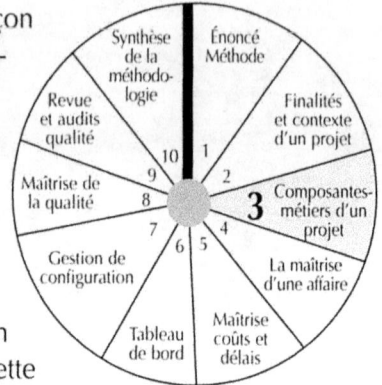

3.1 L'appel d'offres et la proposition

Pour gagner une affaire, le maître d'œuvre doit savoir maîtriser les quatre phases qui aboutiront à la signature du contrat :

- l'appel d'offres,
- la stratégie de la proposition,
- la réalisation de la proposition,
- et, bien entendu, la négociation.

L'appel d'offres

Le maître d'ouvrage consulte différents fournisseurs et, après transmission du cahier des charges (*cf.* chapitre 1.4), leur demande de remettre une offre de prix dans un délai défini.

À partir de ce moment, le futur maître d'œuvre doit s'organiser pour répondre au mieux à cette demande.

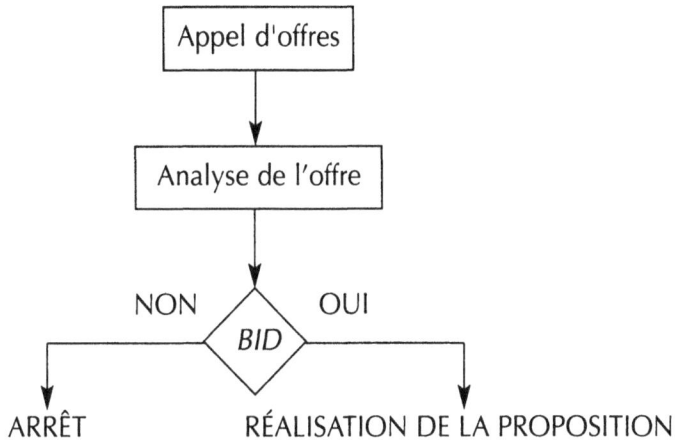

Figure 3.1 – L'appel d'offres

Pourquoi ?

D'abord, parce qu'un fournisseur a une stratégie de maintien ou de conquête de son marché. Ensuite, parce qu'il voudra éviter autant que faire se peut la concurrence. Enfin, répondre à trop d'appels d'offres deviendrait pénalisant car cette activité n'est pas rémunérée et de plus pèse sur les charges de l'entreprise [1].

Quelle démarche ?

Répartir le type d'offre en trois catégories :

• standard,

• importante,

• stratégique,

• permet de statuer (le comité de décision est généralement composé du directeur commercial, produit/mercatique et programme) sur l'opportunité de répondre ou pas, de responsabiliser le haut management et de prévoir à moyen terme la charge de l'entreprise.

---

1. Cette activité est prise sur le budget commercial, autrement dit sur une partie des frais généraux de l'entreprise. Mais en cas de succès, un coûteneur astucieux en accord avec le service de contrôle de gestion peut répercuter les frais inhérents à l'offre sur le projet abouti.

La stratégie de la proposition

Si la décision de répondre à l'offre l'emporte, il y a dans un premier temps :

- la nomination d'un chef de projet (pour conduire la proposition jusqu'à son terme),
- l'allocation d'un budget (pour le pointage des moyens humains et matériels).

Dans un second temps, lorsque le chef de projet a pris la mesure de l'offre, c'est :

- la désignation des personnes qui travailleront sur la proposition,
- la préparation à la réunion de lancement de la réalisation de la proposition.

Les thèmes de la réunion de lancement (même si cela semble un peu formaliste) seront :

- l'analyse de la fourniture et des services,
- la détermination du coût et du délai objectif de la proposition (*cf.* chapitre 1),
- la stratégie de réponse à l'appel d'offres (aspect politique, solution de base, variantes, compléments, services, logistique).

Ce dispositif est simple (même si d'aucuns le trouvent lourd), efficace et surtout chacun sait où il en est.

Réalisation de la proposition

L'énumération des tâches [2] à faire est la suivante :

- plan détaillé de la proposition,
- *WBS* détaillé (ce qu'il y a à faire et non pas comment il faut s'y prendre),
- estimation des coûts de production, et confection du planning de niveau 1,
- analyse financière (identification du cash flow en fonction des recettes et des coûts, *cf.* figure 2.3),
- rédaction de la proposition.

Lorsque le premier jet de la proposition est prêt, on le fait relire par deux ou trois personnes de bon niveau (dont un représentant du service commercial et juridique) n'ayant pas participé à la proposition.

Le but étant bien entendu de recueillir les critiques et surtout de s'assurer que la réponse de la proposition est à l'image de l'offre du client et que le prix de vente proposé est dans l'épure du marché.

---

2. Il s'agit bien du travail à faire donc d'un mini *WBS* relatif à la proposition et non pas de la manière de s'y prendre pour le faire.

Pour terminer, le chef de projet validera la proposition et procédera à son édition finale (documents papier ou CD-ROM). Puis elle sera remise au client pour décision.

La composition d'un dossier de proposition en réponse à un appel d'offres est généralement la suivante :

- le volume de présentation de la proposition (*executive summary*),
- le volume management comprenant :
  - les documents applicables, *CDRL,*
  - les documents relatifs à la qualité et au management de l'affaire,
- le volume technique comprenant :
  - les spécifications,
  - les descriptions du matériel,
  - les fonctions,
  - la matrice de compatibilité, *compliance matrix,*
  - les normes applicables,
- le volume logistique comprenant les moyens de soutien,
- le volume commercial comprenant :
  - les compensations, *offsets,*
  - et le prix de vente avec sa décomposition.

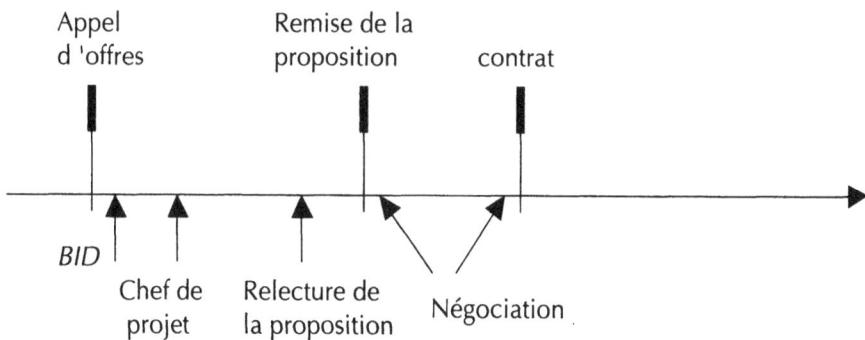

Figure 3.2 – Les jalons d'une proposition

La négociation

Le maître d'ouvrage en possession des offres de tous les fournisseurs consultés va établir deux tableaux de comparaison :

- l'un technique, entre ce qu'il a demandé et ce qu'il a reçu (la matrice de compatibilité),

- l'autre des prix, pour comparer, juger si ceux proposés sont compatibles avec son budget.

Généralement les trois à cinq meilleures propositions sont retenues pour négociation et affinage du prix (à moins d'ouverture en public des plis au moins-disant).

C'est alors à chaque futur maître d'œuvre (le commercial aidé du chef de projet qui a préparé la proposition) d'aller défendre son projet. Cela peut durer plusieurs semaines, il faut donner des détails, faire des concessions, parfois refaire une partie de la proposition afin de parvenir à l'accord ultime, être l'adjudicataire du projet.

Mais ce n'est pas tout.

Dans les semaines qui suivront, il y aura à établir le contrat entre les deux parties signataires.

C'est au chef de projet appuyé du commercial et des juristes de proposer, de négocier à nouveau avec le client et d'aboutir à la signature commune du contrat.

RECOMMANDATIONS

NOTA 1 : le chiffrage des propositions en réponse à un appel d'offres

Suivant l'importance de la proposition et surtout en fonction du temps imparti pour répondre dans le délai, il y a deux types de chiffrage :

- 1er type : pendant la phase stratégie et choix de la proposition, le chiffrage est fait par les estimateurs [3] professionnels, voire avec les spécialistes, en utilisant des ratios pris dans les bases de données. Le but est d'avoir une idée du prix de la proposition à x % près.

- 2ème type : en fonction des paramètres du *WBS* retenu, les estimateurs aidés des spécialistes par métier et en complément des services achats vont conduire le travail d'estimation des coûts de production en dégageant bien la fourniture des moyens humains correspondants (ingénierie, achat, production/installation, logistique).

---

3. *Estimation des coûts d'un projet industriel,* par la commission estimation de l'AFITEP, éditeur : AFNOR.

Puis la consolidation des coûts préparée par le chef de projet est soumise à la direction commerciale pour validation. À l'issue de cette validation, la direction commerciale ajoute les coefficients appropriés (marge, FSV, etc.) *cf.* chapitre 2.2.3, afin de donner le prix à remettre au client.

NOTA 2 : s'étalonner pour constituer une référence

À ce stade, quand on est nommé chef de projet, il y a deux tâches essentielles à accomplir.

1. La revue de contrat

Pour aboutir à la signature du contrat dans les meilleures conditions, le chef de projet et le commercial de l'affaire organisent une réunion pour :

- confirmer les engagements des responsables par rapport aux exigences en termes de performance, coûts et délais,
- analyser les écarts entre la proposition et le contrat négocié.

2. L'établissement du référentiel contractuel

Que ce soit en France ou à l'exportation, le contenu du contrat est globalement régi par :

- Le contrat lui-même,
- Les annexes comprenant :
    - les spécifications techniques,
    - la description des prestations, *SOW* [4],
    - les aspects administratifs et surtout juridiques,
- Le CREDOC (crédit documentaire relatif au financement) s'il y a lieu.

3.2 Les études d'ingénierie

Trois domaines d'activités au sein de l'entreprise sont spécialement parties prenantes : les études et le développement (ingénierie), les approvisionnements, la production voire la construction, en anglais le terme consacré est *EPC* [5].

Ils se composent chacun de plusieurs branches [6].

---

4. *SOW : Scope Of Work.* Énoncé des travaux ou contenu du travail à faire, ou encore « de quoi s'agit-il ? »
5. *EPC : Engineering, Procurement, Construction.*
6. Instrumentation, électricité, informatique, mécanique, chaudronnerie, génie civil, peinture, plasturgie, chimie, logistique, coûtenance, planification, thermodynamique, hydraulique, automatisme, etc.

3.2.1 Objet

Partant de l'expression du besoin, les études d'ingénierie ont pour finalité :

- de spécifier un matériel (ou un système [7], voir NOTA 3),

- de le concevoir,

- d'en réaliser un ou plusieurs exemplaires en le développant ou en le fabriquant,

- d'intégrer (montage/assemblage) et de valider ses éléments,

- et de le qualifier (acceptation) de telle façon qu'il réponde au besoin et soit repro-
ductible.

La description du processus de ces six principales activités est valable pour tous types
de produit. L'électronique professionnelle sera dans la suite de notre exposé l'exemple
décliné pour illustrer la démarche proposée (*cf.* figure 3.3, les activités 1 à 5 ; 9 et 10).

3.2.2 Approche générale

Concevoir un système en vue de faciliter sa réalisation, c'est le décomposer en sous-
ensembles en recherchant la simplification des interfaces, la facilité de spécification et
la possibilité de délégation.

On établit l'architecture de ce qu'il y a à faire, on l'appelle la tâche ou encore le *WBS*.
Mais attention, le choix d'architecture est pratiquement impossible à remettre en cause
une fois l'affaire démarrée.

À partir de cette architecture, il faut déployer des activités, l'*ABS*, en puisant dans
chaque métier ou discipline, l'*OBS*, et en y mettant les compétences nécessaires, le *RBS*.
C'est la seule méthode pour aboutir.

---

7. On mentionnera l'ingénierie système dont les principes sont de réaliser des systèmes complexes avec des
équipes pluridisciplinaires, par exemple : « le métro automatique » pour la ligne 14 de la RATP. On mentionnera aussi l'AFIS : Association Française d'Ingénierie Système comme centre d'intérêt professionnel.

PROCESSUS	DOCUMENTS ASSOCIÉS
SPÉCIFIER • définir les caractéristiques fonction-nelles et physiques d'un système, • définir les scénarios de validation de ces caractéristiques en fonction de la mission, • définir les caractéristiques du maté-riel principal.	Document d'analyse fonctionnelle, Spécification système, *SSS*, Spécification de développement : • d'un matériel principal, *PIDS* • d'un matériel critique, *CIDS* • d'un matériel non complexe • d'une installation d'infrastructure • d'un article logiciel, *SRS*.

Le client rédige normalement une version préliminaire de la *SSS* ou de la *PIDS*. Il approuve la version définitive après négociation. Elle devient le **référentiel fonctionnel**.

Les autres types de spécifications une fois approuvés deviennent le **référentiel de développement**.

PROCESSUS	DOCUMENTS ASSOCIÉS
CONCEVOIR • décrire l'architecture du système, • décomposer chaque pavé du *WBS* en éléments (matériel, logiciel, étude) développables et validables individuellement, • allouer les caractéristiques du *WBS* à ces éléments et initialiser leur spéci-fication.	Document de conception système, *SSDD*, Document de maîtrise des inter-faces, *ICD*, Spécification des exigences sur les interfaces, *IRS*.

Un *WBS* de forte complexité doit être décomposé en sous-systèmes pour standardiser une partie du système en vue de sa réutilisation, pour intégrer un sous-système existant ou pour sous-traiter globalement une partie homogène du système, NOTA 4.

S'agissant d'un développement logiciel, le processus est le même.

PROCESSUS	DOCUMENTS ASSOCIÉS
DÉVELOPPER • maîtriser la conception et / ou la réalisation des éléments délégués.	Dossier de définition constituant auprès des audits de configuration le référentiel de production.

PROCESSUS	DOCUMENTS ASSOCIÉS
INTÉGRER/VALIDER • construire un exemplaire du système, • assembler les prototypes de matériels qui le composent et valider les performances attendues.	Le plan d'intégration/validation élaboré sous le contrôle du responsable de l'ingénierie formalise toutes les dispositions prises pour dérouler les matériels à intégrer.

La phase d'essais d'association des équipements et des logiciels permet de vérifier leur compatibilité et la fonctionnalité globale en évitant les redondances d'essais et des moyens. Ceci implique :

- de définir la méthodologie (séquence des essais, documents d'accompagnement, gestion des écarts),
- d'organiser l'activité (nature des essais, planning, responsabilités, gestion des moyens),
- de gérer la configuration d'essai (matériel et logiciel).

PROCESSUS	DOCUMENTS ASSOCIÉS
QUALIFIER • démontrer au vu des justifications acquises au cours des phases précédentes et durant les essais de qualification que le référentiel de production du système répond aux exigences dans toute l'étendue des conditions opérationnelles spécifiées. • prendre ou faire prendre la décision de qualification, acte établi par l'émetteur de la spécification des exigences (c'est-à-dire l'émetteur du produit).	Un dossier de qualification contient les données relatives aux inspections, les justifications, les procédures et les résultats d'essais. Le plan de qualification fixe les phases des opérations et les responsabilités des intervenants. Il est approuvé conjointement par le responsable de l'ingénierie et celui de l'assurance qualité qui authentifie la qualification des produits et des définitions.

Les activités de qualification incluent :

- les justifications théoriques,
- les essais suivant les spécifications établies par les équipes d'ingénierie,
- les autres vérifications (revues/audits, inspections des rapports d'essais préexistants),
- les justifications de longue durée (fiabilité, durée de vie, vieillissement).

Les décisions de qualification sont prises à l'issue des conclusions des audits de configuration fonctionnelle, *FCA*, et physique, *PCA*, relatifs à chacun de ces matériels et au système.

PROCESSUS	DOCUMENTS ASSOCIÉS
MANAGER • le processus d'études et de développement, • et prévoir les coûts et les délais à terminaison.	Le plan d'ingénierie et de développement décrit les activités de planification et de maîtrise technique appliquées à l'affaire.

La figure 3.3 montre les activités à déployer (quels que soient les métiers) pour un équipement pris au sein d'un lot de l'architecture du *WBS*.

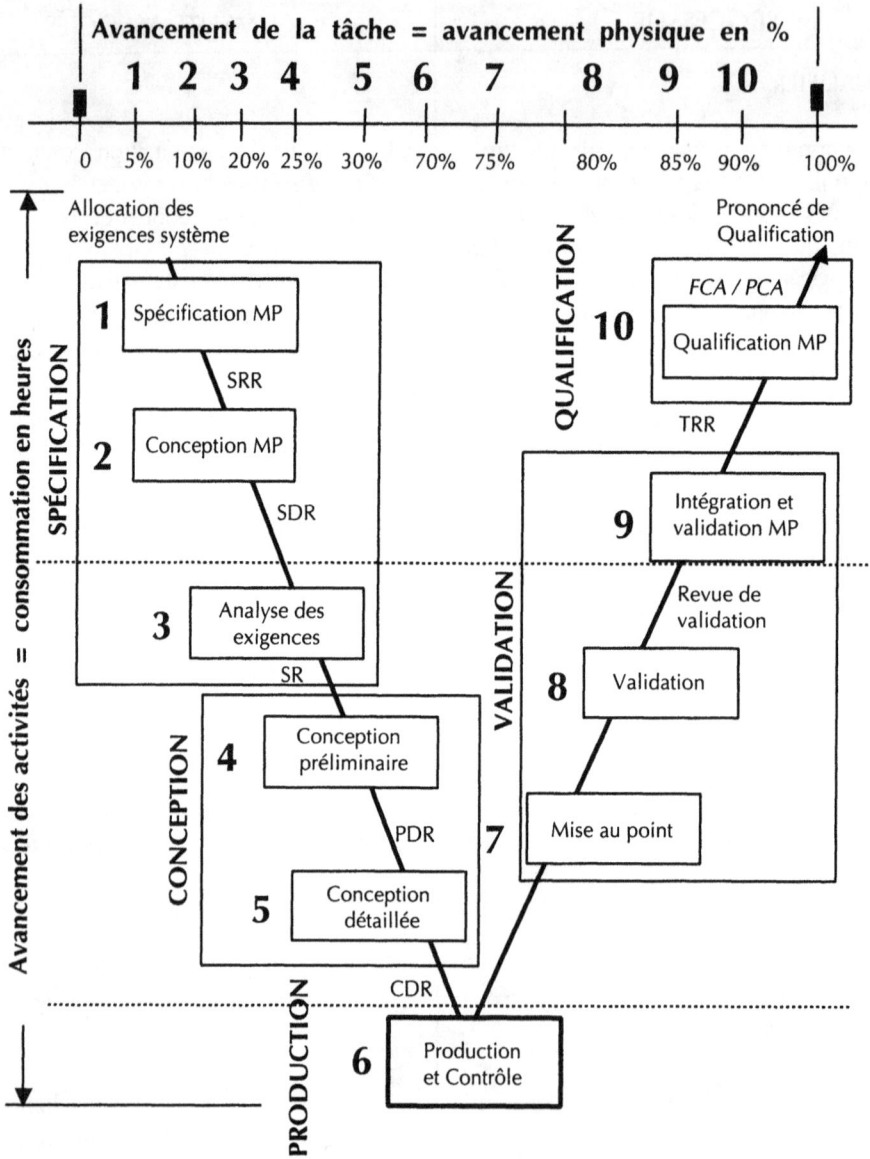

Figure 3.3 – Cycle de développement détaillé d'un matériel principal, ABS vs WBS

Nous verrons dans le chapitre 5 la relation qu'il y a entre l'*ABS* qui est à la consommation et le *WBS* qui est à l'avancement de la production. La réunion de ces deux paramètres donne le ratio de productivité nécessaire au pilotage de l'affaire.

RECOMMANDATIONS

NOTA 3 : l'architecture conduisant à l'établissement du *WBS*

La découpe du *WBS* en articles de configuration d'un système ne va pas souvent de soi. Elle nécessite une activité précise d'ingénierie et parfois des techniques particulières pour y parvenir, par exemple une « CCO », *cf.* chapitre 1.

Cet investissement en vaut la peine car l'arborescence est la clef de l'architecture du système et conditionne le déroulement de l'affaire ainsi que la capacité à évoluer fonctionnellement.

Pour mieux comprendre, examinons l'exemple d'un système d'alarme anti-intrusion.

A. Les hypothèses

- pavillon peu souvent habité, vétusté du circuit électrique, coupures longues, batteries longue durée approvisionnées séparément de la centrale,

- support de la centrale à réaliser (auto-protection à l'ouverture et à l'arrachement), choix d'une liaison radio entre détecteurs anti-intrusion et la centrale, détecteur radar disponible sous un mois,

- les murs du bâtiment sont sains et France Télécom accepte de prendre à sa charge l'enfouissement de la ligne jusqu'au boîtier d'arrivée, les sirènes extérieures ne sont pas autorisées,

- les fabricants de matériel proposent des centrales avec télécommandes portables et des testeurs d'émission radio (localisation des détecteurs déficients et vérification du niveau de parasitage).

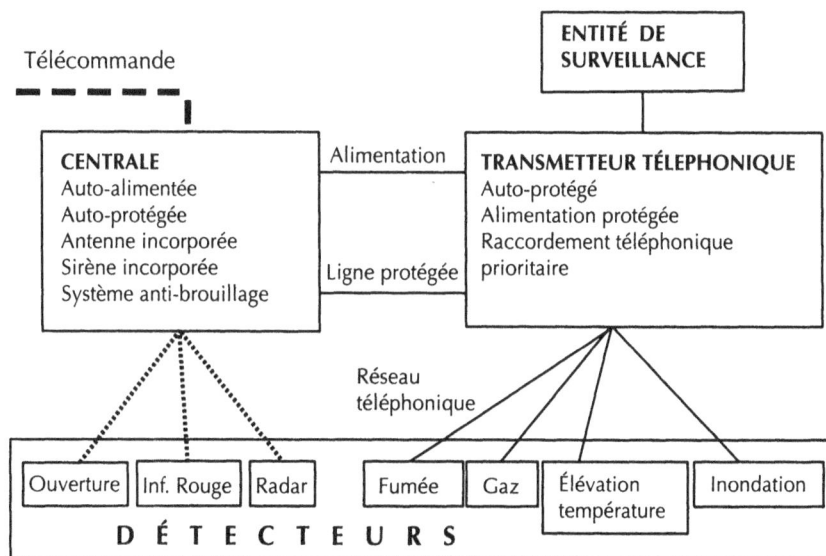

Figure 3.4 – Architecture physique, WBS avant une action « CCO »

B. Conclusion

- La gestion des liens (ce qui somme toute est l'exacte décomposition du planning des tâches) :

    - exigences des entités fonctionnelles,

    - entités fonctionnelles, articles de configuration,

    - articles de configuration, tests de vérification.

permet d'assurer la cohérence et de faire le juste nécessaire,

- Une passe préliminaire sur l'architecture est un prérequis à l'organisation et à la planification des activités d'ingénierie système.

- permet une organisation matricielle avec des responsables de lot pour conduire le travail dans les meilleures conditions et répondre aux exigences demandées.

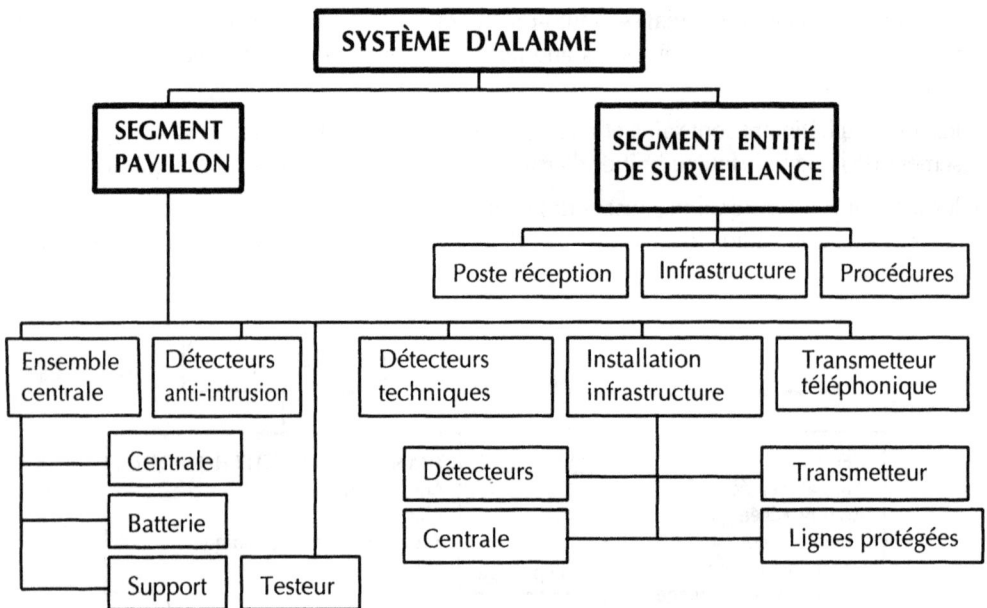

Figure 3.5 – Architecture physique, WBS, après une action de « CCO »

NOTA 4 : détail des premières activités dans un lot de travaux

Les spécifications et la conception tiennent compte :

- des performances logistiques (fiabilité, maintenabilité, testabilité, ...) ;

- des méthodes de conception à coût objectif ou d'analyse de la valeur et de l'analyse du coût global de possession afin d'évaluer les conséquences économiques des choix de conception et d'optimiser le compromis performance/coût/délai ;

• de l'analyse de l'industrialisation ou de la construction afin d'intégrer les contraintes industrielles au plus tôt dans le processus.

3.3 Les approvisionnements et le transport

Dans la figure 1.3, nous avons vu le positionnement des approvisionnements et du transport. Pourquoi réserver une place aussi importante à une activité qui ne semble pas majeure dans le savoir-faire d'un produit ? La réponse à cette interrogation est qu'un fournisseur ne peut pas fabriquer tout à cent pour cent.

Aussi dans chaque projet (*cf.* figure 3.3, activité 6), il faut faire appel au service des achats pour acheter ce qui est standard ou semi-ouvré que l'on trouve sur le marché à des prix et délais compatibles avec notre affaire.

Dans un projet industriel, la part des approvisionnements représente environ 35 à 40 % du coût de l'affaire. Gagner, ne serait-ce que 2 % sur ce poste, accroîtrait d'un point en valeur relative le profit total.

Les approvisionnements se répartissent en trois sous-activités, toutes tournées vers les fournisseurs de l'entreprise, à savoir :

• les achats,

• l'inspection (ayant pour objectif la qualité),

• la relance (en rapport avec le planning de l'affaire).

3.3.1 LES APPROVISIONNEMENTS

Les achats

Dans une entreprise, l'acheteur est, en dehors de la direction générale, l'autorité qui s'adresse naturellement aux fournisseurs. Partant d'un besoin, l'acheteur a pour but d'acheter au meilleur coût du budget alloué par le coûteneur de l'affaire et de veiller à la livraison en temps voulu.

L'inspection

L'inspection, appelée aussi contrôle qualité, est plus fréquemment un rôle délégué à l'assurance qualité. Ce travail consiste à contrôler avec méthode les articles achetés. Même si le sous-traitant est déclaré ISO 9000 par exemple, il n'est pas exempt d'être soumis à des contrôles partiels des processus de fabrication. Le but est d'avoir toujours un achat conforme à la qualité.

La relance

La relance est en relation directe avec la planification de l'affaire. Il s'agit de coordonner les arrivées de centaines d'articles nécessaires aux ateliers et au montage, que ce soit en flux tendu ou en stock de précaution. Il y a toujours un compromis à faire entre le délai au plus tard, le coût de mobilisation et le besoin à date. Le but est d'avoir l'article (critique ou à long délai) livré à temps.

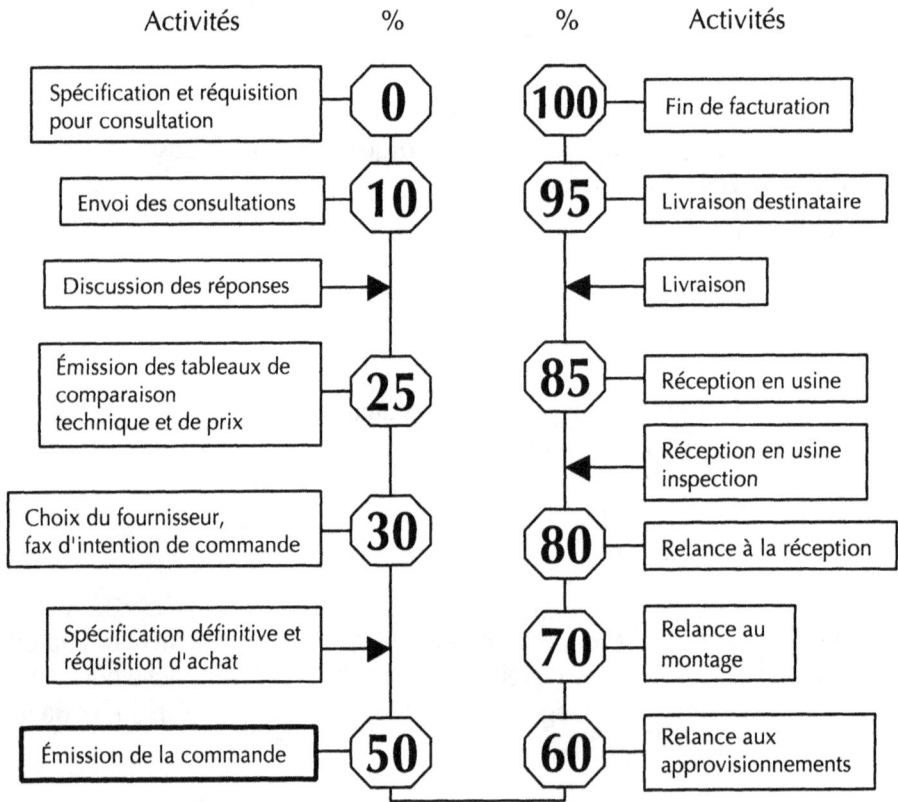

Activités	%	%	Activités
Spécification et réquisition pour consultation	0	100	Fin de facturation
Envoi des consultations	10	95	Livraison destinataire
Discussion des réponses	→	←	Livraison
Émission des tableaux de comparaison technique et de prix	25	85	Réception en usine
		←	Réception en usine inspection
Choix du fournisseur, fax d'intention de commande	30	80	Relance à la réception
Spécification définitive et réquisition d'achat	→	70	Relance au montage
Émission de la commande	50	60	Relance aux approvisionnements

Figure 3.6 – Les activités de l'acheteur dans une affaire

3.3.2 LE TRANSPORT

Que ce soit dans les projets nationaux ou internationaux, le transport a un coût significatif. De plus, il génère un risque.

Bien souvent le coût est inclus dans le prix de la commande au fournisseur (voir les conditions générales de vente ou d'achat), ce qui est une erreur. Le coût du transport doit être identifié à part, de même que l'assurance du bien transporté.

Ces deux types de coût sont à prendre en compte dans le code des coûts du coûteneur dans un but d'identification, de prévision et si nécessaire de mesure corrective.

Quant au risque, il est à la fois lié au planning, donc au retard possible, mais aussi à la dégradation entière ou partielle du bien en cas d'incident (chargement, transport) ou d'accident (incendie, accident), voire de perte.

Il est à préciser que le transport ne représente pas l'aspect logistique de l'affaire. Il permet aux différents composants ou équipements fabriqués ou sous-traités chez les fournisseurs d'être acheminés à temps dans un lieu approprié et de former ainsi un sous-ensemble pour assemblage.

Par exemple, dans le cas de la construction d'une raffinerie de pétrole, on parlera de livrer sur le site 50 000 tonnes de matériel pour le montage. Dans le cas de l'industrie électronique, il s'agira de livrer 500 colis transmis par messagerie pour l'assemblage d'un radar.

Activités

Quelle que soit la nature du transport, les activités déployées sont :

- l'emballage, le conditionnement,
- le levage, la manutention, le coltinage,
- le transport (terre, air, mer),
- le stockage,
- l'élimination du conditionnement (stock outil, déchet, retraitement).

En fait, si dans le management de projet on s'applique à maîtriser l'ensemble des coûts, ces derniers sont managés en collaboration avec les achats par la cellule de pilotage de l'affaire.

Pour en savoir plus sur le sujet, voir le livre édité par la Chambre de Commerce Internationale [8].

---

8. *Les incoterms*, document édité par la Chambre de Commerce Internationale, Paris.

3.4 La réalisation

La réalisation recouvre deux grands types d'activités :

- la production qui fabrique les équipements dans les ateliers pour un ouvrage fini (un avion, une chaudière, un détecteur d'alarme, un robot, un satellite),

- et la construction, industrie nomade par opposition à la fabrication qui est sédentaire. La construction assemble et monte sur place tout ou partie des équipements (usine de yaourts, laminoir, centrale nucléaire, pétrochimie, liquéfaction).

La seconde partie du cycle en V de la figure 3.3 reste en tout point valable.

3.4.1 LA PRODUCTION

Objet

La production couvre l'ensemble des activités permettant de réaliser des équipements conformément à leur dossier de définition. Un système est en général constitué de différents équipements dont la production est :

- confiée à différents industriels (internes ou externes),

- lancée spécifiquement pour l'affaire ou groupée avec d'autres affaires,

- plus ou moins stabilisée.

La production, *cf.* figure 3.3, met en œuvre cinq types d'activités majeures dont la durée dans le temps et la complexité sont variables, à savoir :

- l'ordonnancement,

- le lancement,

- la fabrication,

- l'assemblage,

- les essais.

Il revient au responsable métier de la production de maîtriser l'ensemble de ses activités en s'appuyant sur les industriels concernés.

L'ordonnancement et la préparation à la production

Le lancement en production d'un produit exige des travaux bien avant la phase de production. L'industrialisation s'effectue lors des études et du développement et dépend du schéma industriel retenu.

Les devis (cette fois on parle de devis et non plus d'estimation) doivent prendre en compte les coûts relatifs aux documents, procédures, bancs et outillages, formation, infrastructures…

Le schéma général de la production est le suivant :

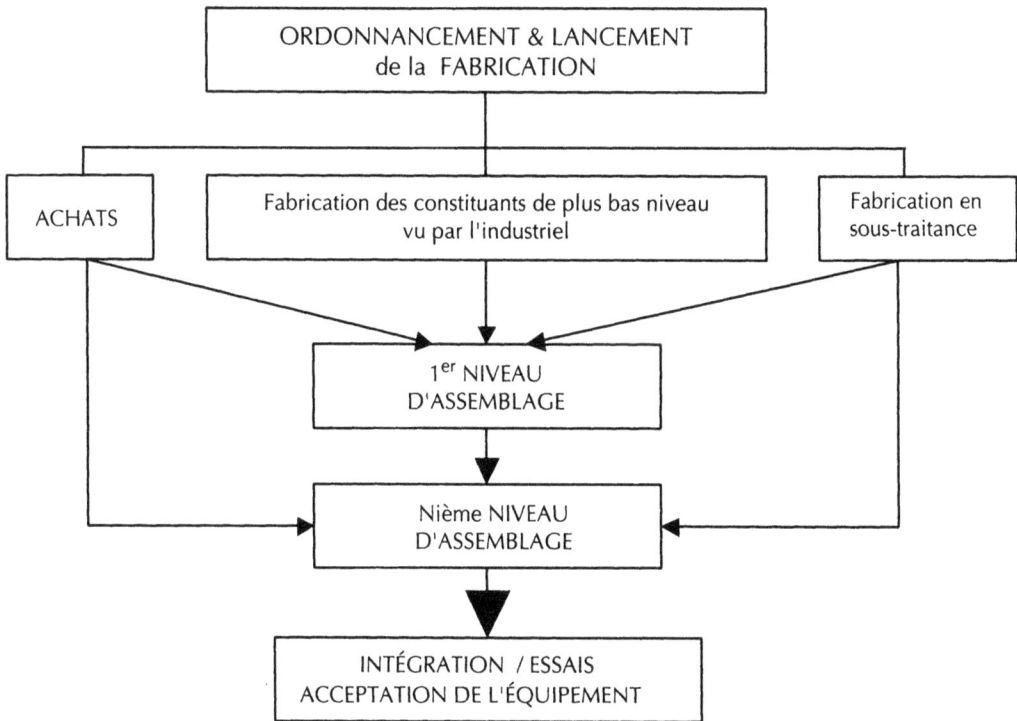

Figure 3.7 – Représentation simplifiée de la production

L'industrialisation a pour objet de :

- stabiliser le dossier de définition (après identification des défauts de conception pour assurer la meilleure productivité),

- définir dans les documents de fabrication, de contrôle et d'essais les conditions optimales de la réalisation (gammes, définition des outillages, instructions particulières),

- définir un planning de production (niveau 4 = planning PERT pour les gammes) incluant : délai d'approvisionnement, fourniture d'articles par le client, délai de mise à disposition des outillages, logique d'enchaînement,

- définir un système de gestion de la qualité (qualification des fournisseurs, gestion des faits techniques et des dérogations, critères d'acceptation, outil de contrôle du processus),

- vérifier pour chaque équipement que toutes les actions nécessaires au lancement en production ont bien été accomplies.

Le plan de production élaboré et approuvé avant le lancement en production identifie et ordonnance les travaux.

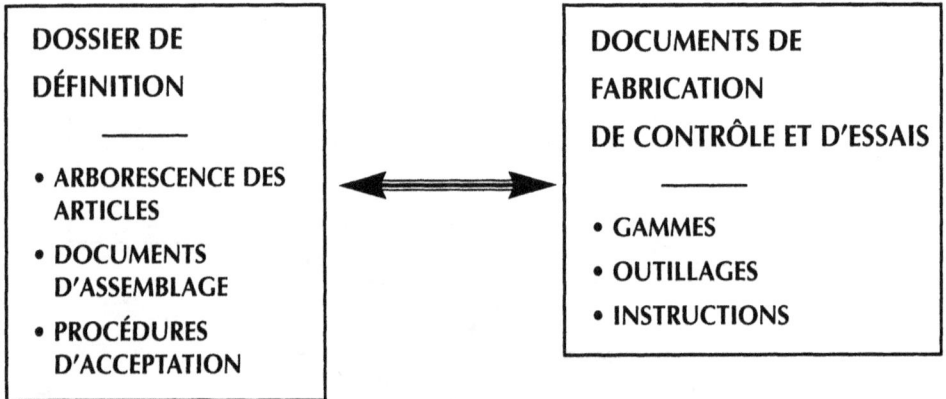

DOSSIER DE DÉFINITION
———
- **ARBORESCENCE DES ARTICLES**
- **DOCUMENTS D'ASSEMBLAGE**
- **PROCÉDURES D'ACCEPTATION**

DOCUMENTS DE FABRICATION DE CONTRÔLE ET D'ESSAIS
———
- **GAMMES**
- **OUTILLAGES**
- **INSTRUCTIONS**

Figure 3.8 – Représentation simplifiée du plan de production

Lancement

Lancer un équipement en production nécessite l'identification complète de sa configuration depuis le niveau de l'ensemble jusqu'à l'unité fonctionnelle.

Lors de la décision de lancement, le responsable métier à la production veille à :

- définir les ensembles à réaliser (désignation, référence au dossier de définition) et les quantités (les besoins doivent globaliser fournitures et besoins logistiques),

- ouvrir les crédits suivant le devis négocié et accepté par le coûteneur,

- établir le planning des besoins (niveau 3 = *GANTT*[9] pour les chefs d'atelier) compatible avec celui de l'affaire,

- définir les modalités d'acceptation (convocation, organisme de surveillance, assurance qualité),

- établir lors de la réunion de lancement des indicateurs permettant de suivre l'avancement des plannings (de niveau 4 = *PERT*[10], les gammes d'opération pour les chefs d'équipe).

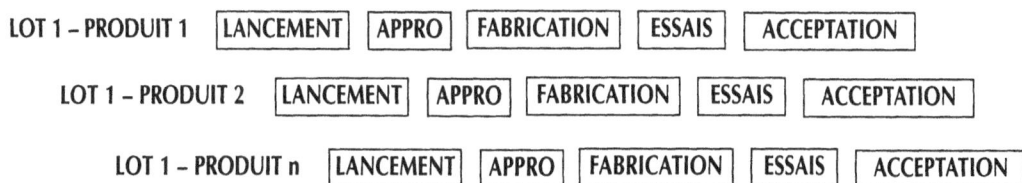

| LOT 1 – PRODUIT 1 | LANCEMENT | APPRO | FABRICATION | ESSAIS | ACCEPTATION |

| LOT 1 – PRODUIT 2 | LANCEMENT | APPRO | FABRICATION | ESSAIS | ACCEPTATION |

| LOT 1 – PRODUIT n | LANCEMENT | APPRO | FABRICATION | ESSAIS | ACCEPTATION |

Figure 3.9 – Représentation schématique du lancement et du suivi de la fabrication

Fabrication et suivi

Lorsque tous les ingrédients nécessaires à la fabrication sont arrivés dans les ateliers de fabrication (matières premières, articles achetés, etc.), on les répartit par dossier et on les travaille par catégorie d'atelier (mécanique, chimie, plastique).

Chaque équipement ainsi fabriqué est accompagné d'une fiche d'identité appelée fiche de composition (la fiche suiveuse n'a qu'une durée de vie limitée).

Les autres aspects de la fabrication sont :

- de gérer et d'ordonnancer les évolutions du dossier de définition,

- d'anticiper les retards et les surcoûts avec le planificateur et le coûteneur puis mettre en place les plans d'action,

- de s'assurer de la maîtrise des procédés.

---

9. *GANTT* ou *Bar Chart* : nom du diagramme à barres dont les longueurs sont proportionnelles au délai.
10. *PERT Program Evaluation and Review Technique*. Traduit en français imagé : pour Éviter les Retards Traditionnels.

Assemblage et essais

À ce stade, il s'agit de la vérification physique élémentaire de ce qui été achevé, c'est-à-dire :

- d'assembler les composants issus de la fabrication ou les produits semi-ouvrés achetés,
- d'effectuer les tests élémentaires, de détecter les pannes,
- de s'assurer de la conformité du matériel avec le dossier de suivi.

Suivre la fabrication, c'est s'assurer de l'existence des éléments attendus en fin d'étape.

3.5 Les essais et la qualification

Il s'agit de passer de l'étape « équipement fabriqué » à l'étape « équipement qualifié », c'est-à-dire « bon pour le service et conforme aux besoins ».

Les essais

Pour chaque équipement, on prépare :

- un cahier de recettes (description des méthodes et des conditions requises pour les tests),
- un cahier des résultats des mesures effectuées.

Ces deux cahiers sont bien entendu à faire valider par l'assurance qualité et le client (recommandé).

Durant cette période, on effectue la mise au point. Elle consiste à l'étalonnage (appareils de mesure), et aux essais (essais de vibrations, de réaction chimique).

En découle la validation de l'équipement avec ou sans réserves (qu'il faudra bien entendu lever).

Le classement des réserves (tant pour les essais que pour la qualification) est :

- mineur,
- majeur,
- réserves avec dérogation,
- refus pour non-conformité (c'est pénalisant, il faut revoir toute la chaîne du cycle en V).

La qualification

La qualification est valable aussi bien pour des équipements que pour des sous-ensembles systèmes. Pour aboutir à la qualification, deux types qualification sont nécessaires :

- la *FCA*, audit de configuration fonctionnelle. C'est le moyen de vérifier officiellement, et au travers des tests effectués, que l'équipement est conforme aux exigences spécifiées dans le référentiel de développement (cas d'un logiciel),

- la *PCA*, audit de configuration physique. C'est le moyen d'établir que l'équipement produit ayant subi le test précédent est conforme au dossier de définition et aux documents qui permettent de le reproduire à l'identique.

Examinons les moyens pour parvenir à l'obtention de cette dernière étape.

A. Moyens humains

Ce sont les ingénieurs qui ont établi les spécifications et l'étude de conception (*cf.* figure 3.3 au début du cycle en V), les équipes qualité, et bien souvent les responsables du client. C'est un travail d'équipe. On notera au passage la responsabilité de l'ingénieur auteur de la conception du matériel, lorsqu'il se trouvera confronté aux résultats constatés (bon ou mauvais fonctionnement, réserves).

B. Moyens matériels (qualification de l'équipement dans son environnement)

- moyens d'essai en environnement (électrique, mécanique, électromécanique, chimique),

- bancs de prévalidation (par exemple essais au sol pour un satellite),

- moyens d'observation et de dépouillement associés,

- moyens de simulation et de stimulation.

Livrer un équipement est la dernière opération qui intervient après assemblage, validation et essais d'acceptation par le client.

L'avancement du travail (avancement physique) doit être total, égal à 100% et il ne doit plus y avoir de pointage d'heures (c'est-à-dire plus aucune activité) sur cette partie des lots.

3.6 La mise en service

Pour illustrer ce sujet, il nous a semblé préférable de se replacer dans le contexte du § 3.4, « la réalisation », et de représenter dans le volet « construction » ce qui l'en est des opérations de mise en service.

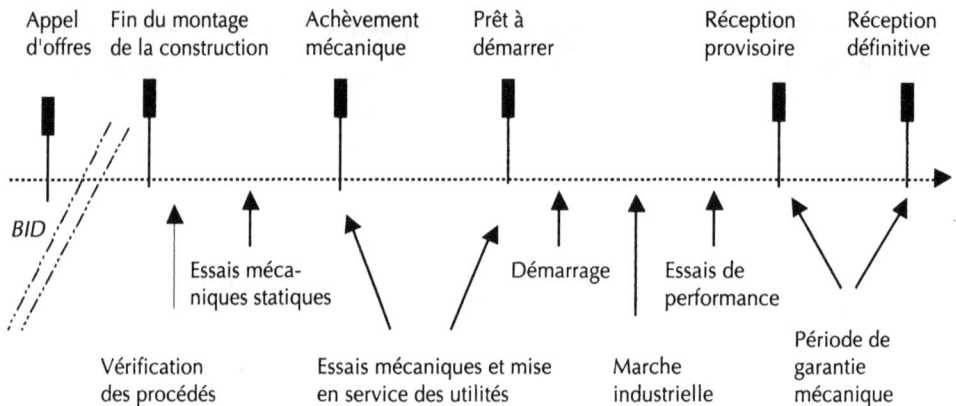

Figure 3.10 – Les jalons pour effectuer les opérations de mise en route

L'aspect mise en service est important pour un maître d'œuvre car c'est le sprint final.

Si on considère (bien souvent à tort) que la qualification ou la fin du montage ont donné théoriquement toutes les garanties (en effet le maître d'œuvre a démobilisé ses équipes et en même temps le maître d'ouvrage a des velléités pour prendre à son compte le démarrage) il reste encore à prouver au maître d'œuvre le fonctionnement du système.

La mise en route est une affaire de spécialiste pour que le maître d'œuvre transfère les équipements au maître d'ouvrage qui va prendre en main le système élément par élément.

L'étape de la réception provisoire signifie le terme de la mission pour un chef de service. Mais auparavant, il faut que :

- les risques soient levés (performance, consommation, garanties),
- les réserves soient levées (réserves majeures, bon fonctionnement),
- les cautions soient soldables (bonne fin d'exécution, réserves, *make good*),
- les facturations soient émettables (solde final, retenues de garantie).

Cela s'appelle savoir terminer un projet.

Au chef de projet de présenter à sa direction la marge résultante (comparée à celle du budget initial).

Par ailleurs, le coûteneur aura soin de s'assurer que toutes les dépenses soient égales aux coûts engagés et non pas le contraire !

3.7 Le soutien logistique

Le soutien logistique est appelé en fait soutien logistique intégré, *ILS*. Il couvre l'ensemble des activités effectuées tout au long du cycle de vie du système pour assurer au client la disponibilité attendue dans le respect de ses exigences et de ses objectifs de coût.

Le soutien logistique conduit à :

- intégrer la préoccupation logistique dans la conduite de l'affaire dès la proposition,
- intégrer les activités logistiques lors de la conception du système en le dotant de performances logistiques intrinsèques (fiabilité, maintenabilité, testabilité),
- assurer la cohérence et l'optimisation des éléments de soutien entre eux et avec le système.

De quels éléments s'agit-il ?

Les éléments de soutien sont tournés non pas vers les moyens de production mais vers le produit dans les conditions de son exploitation.

Les éléments de soutien comprennent :

- les rechanges, les équipements de test et de soutien,
- la formation et les équipements de formation, la documentation (technique, maintenance, ravitaillement, installation, transport) à l'exception de la documentation d'emploi,
- les emballages, les moyens de manutention, de stockage, de transport, d'infrastructure),
- l'assistance technique (personnels, réparations).

	ACTIVITÉ MANAGEMENT	ACTIVITÉ d'ÉTUDE	TÂCHE DE RÉALISATION
INTÉGRATION DU SOUTIEN	Management de l'*ILS*	Études *ILS*	Plan de soutien intégré
ANALYSE *LSA, LSAR*	Management du *LSA* et du *LSAR*	Études et analyse *LSA*, Constitution de la base *LSAR*	Production des rapports *LSA* et *LSAR*
ÉLÉMENTS DE SOUTIEN	Management des éléments de soutien	Études des éléments de soutien	Réalisation des éléments de soutien

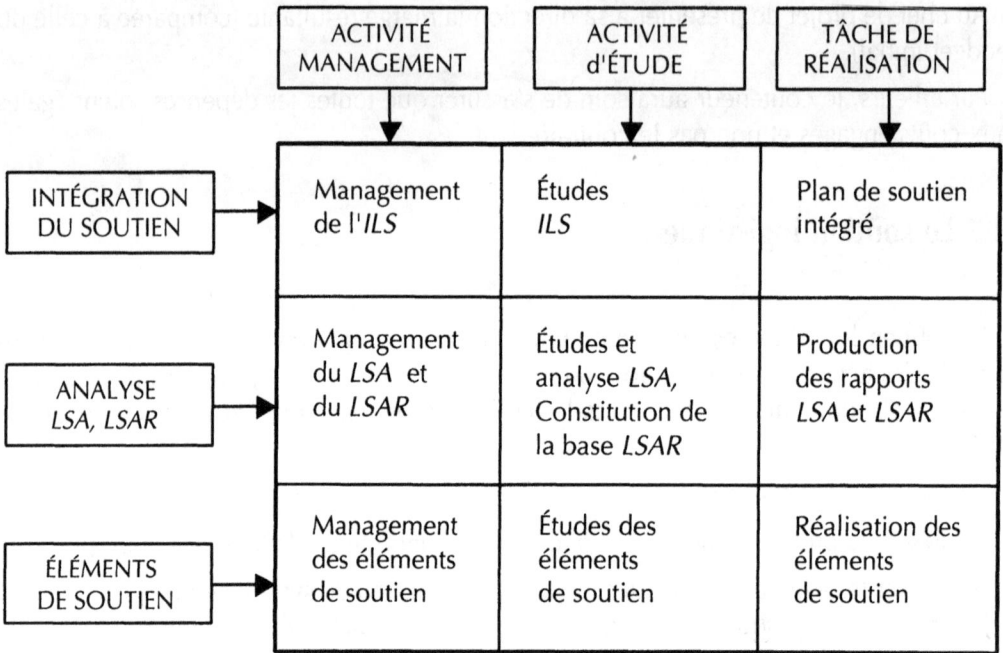

Figure 3.11 – Activités et tâches conduisant au plan de soutien intégré

Activités du soutien logistique

Les activités liées au soutien logistique intégré sont de trois types, voir NOTA 5 :

- activités d'intégration du soutien,
- activités liées à l'analyse du soutien logistique, *LSA*, et aux données associées, *LSAR*,
- activités liées à la définition et à la production du système de soutien.

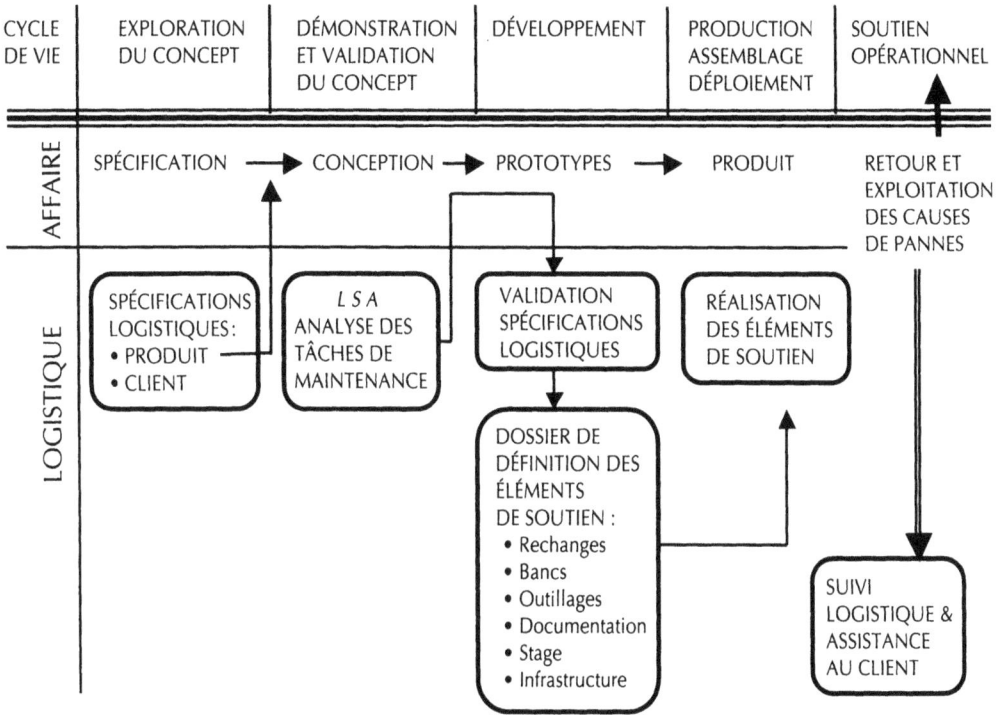

Figure 3.12 – Étendue des activités du SLI dans une affaire

Le plan de soutien logistique intégré, ISP

Le plan de soutien logistique intégré définit les objectifs à atteindre, les moyens à mettre en œuvre et les tâches à accomplir pour y parvenir. Il est ajusté selon la taille de l'affaire et peut appeler des plans répartis par spécialité logistique.

RECOMMANDATION

NOTA 5 : activités de soutien logistique

L'ajustement des activités *LSA* se fait en fonction :

• de l'affaire (budget, exigences client, planning),

• du type de produit (en stock, en exploitation, à développer),

• de la position du système et de ses constituants dans le cycle de vie,

• des activités d'*ILS* effectuées sur les affaires précédentes ou en cours.

L'ajustement des études et des analyses *LSA* concerne :

- le cahier des charges logistiques, le concept de maintenance, l'arborescence logistique,

- l'identification des tâches de maintenance correctives et préventives, d'exploitation, de transport et des éléments de soutien associés,

- la définition des alternatives de soutien,

- les études de la solution optimale, de la mise en service, du soutien postproduction,

- la vérification de l'atteinte des objectifs en exploitation et les études d'amélioration.

En définitive, le soutien logistique touche à toutes les phases d'une affaire. C'est un excellent catalyseur pour prendre en compte les exigences du client. Il est aussi un excellent paramètre qui favorise les calculs de « retour sur investissement ».

ON RETIENDRA

Parmi toutes les composantes-métiers qui permettent de réaliser une affaire de bout en bout, se dégagent trois catégories :

- l'ingénierie système,
- l'ingénierie matériel et logiciel,
- la fabrication avec le montage / construction.

Chacune de ces catégories développe des activités, *ABS*, qui sont toujours les mêmes (spécification, conception, intégration/validation) afin de satisfaire le travail à faire (lequel est découpé en lots de travaux, *work package*).

Mais pour s'assurer que le travail est bien accompli, on le valide par des revues (elles permettent de légitimer l'avancement, ainsi que la qualité). La formalisation de ces revues est un facteur évident pour rendre compte, tant à la direction du projet qu'au client, de la progression qualitative et quantitative de l'affaire.

Ainsi, sans avoir parlé de métier mais seulement de la façon de s'y prendre, on vient de décrire une méthode et des outils banalisables pour chaque type de métier, l'*OBS*.

On verra que la durabilité de la méthode dans le temps permettra de la codifier et d'avoir des indicateurs de management plus fiables.

CHAPITRE 4

La maîtrise d'une affaire

Engager une affaire avec le succès à la clef requiert :

- De définir l'affaire :
    - définir les travaux ....*WBS*
    - définir les responsabilités ....*OBS*
- De planifier les travaux ....Plannings
- D'identifier les risques et les gisements ....Management des risques
- D'attribuer les ressources...Budgétisation
- D'informer ....Réunion de lancement + Plan de management.

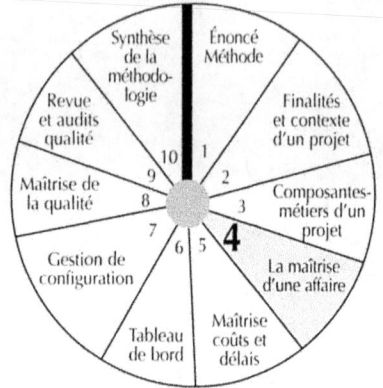

1. Ce que demandait le client

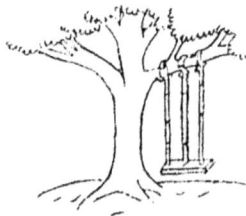

2. Ce que lui a proposé le service marketing

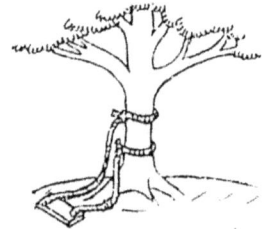

3. Ce qu'a réalisé le service d'études techniques

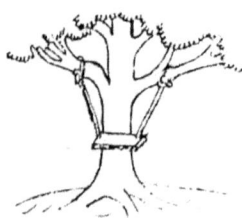

4. Ce qui a été réellement produit

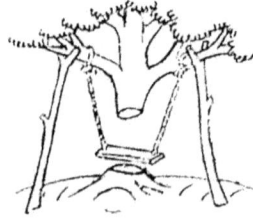

5. Comment on l'a modifié

6. Ce dont avait réellement besoin le client

Avant de poursuivre plus avant nous invitons le lecteur à méditer sur ce schéma !

4.1 Le processus général

Qu'il s'agisse des étapes de proposition ou d'exécution de contrat, la maîtrise d'une affaire suppose de conduire des actions permanentes et cohérentes :

- de négociation avec le client pour satisfaire le juste nécessaire,
- de pilotage de la réalisation pour diriger les travaux vers l'attente du client.

Le processus de conduite d'une affaire et les principes d'ajustement sont représentés ci-après.

Les travaux s'exécutent sur la base du référentiel affaire (référentiel contractuel + référentiel interne ajusté à l'affaire).

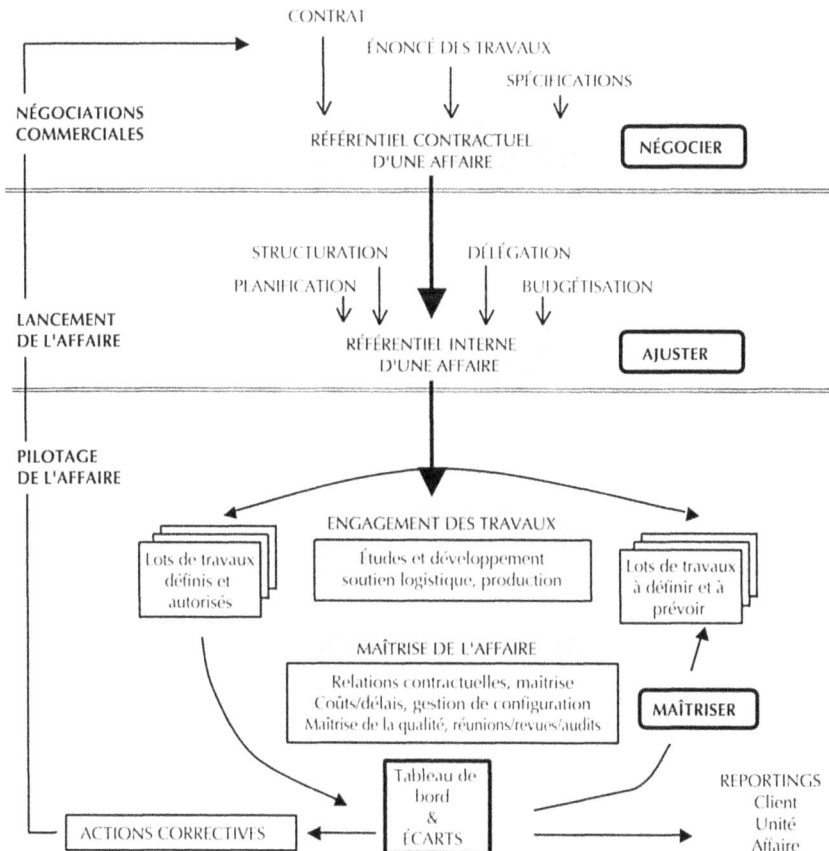

Figure 4.1 – La maîtrise d'une affaire

4.2 Le référentiel d'une affaire

4.2.1 LE RÉFÉRENTIEL CONTRACTUEL D'UNE AFFAIRE

Le référentiel contractuel d'une affaire est un ensemble de documents sur lesquels le client s'appuie dans sa relation avec le maître d'œuvre. Il comprend :

- le contrat qui regroupe les conditions de vente, les clauses juridiques, les conditions de financement,

- la consistance des travaux *SOW*, qui décrit l'ensemble des tâches prévues par le client (travaux d'ordre général, conduite de l'affaire, étude des produits),

- les spécifications d'exigence qui définissent toutes les exigences vérifiables (performance et méthode de vérification).

4.2.2 LE RÉFÉRENTIEL INTERNE DE L'AFFAIRE

Le référentiel contractuel d'une affaire ne suffit pas pour l'exécution du contrat. Un approfondissement est nécessaire. La méthode des interrogations illustrée par ce tableau se révèle efficace.

QUESTIONS	RÉPONSES DU RÉFÉRENTIEL CONTRACTUEL	RÉPONSES DU RÉFÉRENTIEL INTERNE
QUOI ?	• produits et prestations livrables (lots du contrat) • performances (spécifications) **de quoi s'agit-il ?**	• quelles spécifications ? • quelles tâches ? • quelle décomposition des tâches ? **WBS, spécifications**
COMBIEN ?	• prix de vente (contrat) • condition de financement, facturation (contrat), révision de prix ? **quelle est la ressource ?**	• quels sont les coûts associés aux tâches ? • quel management financier des risques ? **estimation, budget, BIPO**

QUAND ?	• date de livraison (contrat)	• quel délai pour quelle tâche ? • quel lien avec les autres tâches ?
	quels sont les jalons ?	**planification**
QUI ?	• responsabilité de l'entreprise, clauses juridiques (contrat)	• quel responsable pour quelle tâche ? • quel lien avec les autres tâches ?
	comment s'y prend-on ?	**type d'organisation**
COMMENT ?	• condition d'exécution, normes et outils imposés (*SOW*, clauses techniques) • vérification des performances (spécifications)	• montage industriel • normes, méthodologie, procédure ? • condition de maîtrise des coûts, des délais, des performances, des risques ? • niveau de reporting • quels moyens humains et matériels ?
	quels moyens déployer ?	**plan de management**

Le référentiel interne établi au lancement de l'affaire a pour vocation de prolonger le référentiel contractuel en orientant l'ensemble des acteurs de l'affaire ; Il est constitué par des plans d'affaire qui ont pour objectifs :

- de structurer une affaire,
- d'informer tous les acteurs sur les enjeux et le contexte,
- de préciser le scénario d'exécution retenu (enchaînement des travaux, étapes significatives de la progression et les mesures d'avancement),
- de préciser les règles de fonctionnement et les méthodes de management applicables,
- de préciser les moyens mis à la disposition de l'affaire.

La source ou le sommaire de ces plans sont à prendre dans le manuel qualité de l'entreprise (*cf.* chapitre 1). Le schéma ci-après indique la hiérarchie de ces plans.

```
                          ┌──────────────────┐
                          │   PLAN DE        │
                          │   MANAGEMENT     │
                          └──────────────────┘
┌─────────────────┐
│ Plan de Pilotage│
│ de l'affaire    │
└─────────────────┘
         ┌──────────────────┐          ┌──────────────────┐
         │ Plan de Qualité  │          │ Plan de Gestion  │
         │                  │          │ de Configuration │
         └──────────────────┘          └──────────────────┘
┌──────────────┐      ┌──────────────────┐      ┌──────────────────┐
│ Plan de      │      │ Plan d'Ingénierie│      │ Plan de Production│
│ Soutien intégré│    │ et de Développement│    │                  │
└──────────────┘      └──────────────────┘      └──────────────────┘
```

| Plan d'Intégration et de validation | Plan de Qualification | Plan de Développement Logiciel | Plan de Développement Matériel | Plan d'Ingénierie de spécialité |

Figure 4.2 – Le plan du management d'affaire

Toute affaire doit faire l'objet d'un plan de management car c'est un outil :

• de réflexion,

• de choix,

• de communication.

Ce plan engage le chef de projet. Il est l'occasion pour lui de se poser les bonnes questions dès le démarrage à propos des compétences à mettre en œuvre pour le succès de l'affaire. Quant au plan de pilotage d'affaire, il formalise l'ensemble des documents et les dispositions permettant au chef de projet de mettre en place son pilotage. Il comprend le *WBS*, l'*OBS*, les fiches de lots, le budget, les tableaux de bord et les quatre niveaux de plannings identifiant les tâches du *WBS*, autrement dit, les indicateurs pour assurer le pilotage.

4.3 La structuration du travail à faire, (WBS)

4.3.1 LE WBS, WORK BREAKDOWN STRUCTURE, ORGANIGRAMME DES TÂCHES

Dans un contrat c'est dans le chapitre *SOW*, énoncé des travaux, que l'on identifie le travail à faire, le *WBS*[1]. Il est la représentation du travail à faire (ou de la tâche) demandé par le client. Cette représentation est un découpage hiérarchisé et arborescent de l'ouvrage en éléments faciles à maîtriser, appelé lot de travaux ou tâche élémentaire.

La décomposition arborescente telle qu'elle se trouve dans les contrats est de trois types :

- réalisation des équipements et des logiciels,
- prestations de service,
- fourniture d'information et de documents.

En un mot, tout ce qui peut être relié à une clef de paiement.

Elle doit répondre à la question : que doit-on faire, c'est-à-dire quelle tâche est à faire ?

Attention, à ce stade, répondre à la question : comment s'y prend-on ? c'est-à-dire quelle activité dois-je déployer ? serait une erreur et beaucoup y succombent, *cf.* NOTA 1.

En complément, les plannings doivent être établis suivant la décomposition des tâches à faire (et non pas en fonction des ressources) pour dégager le chemin critique de l'affaire (*cf.* chapitre 5).

Le *WBS* est un outil. Il n'y en a qu'un et un seul par affaire, contrairement à l'*OBS*[2] qui lui est permanent. Le *WBS* est l'outil commun entre le maître d'œuvre et le client. Il est établi par le chef de projet dès la phase de proposition. Il est ensuite finalisé par le contrôleur de l'affaire (coûtenance + planification) avec les différents responsables de lot.

L'organigramme des tâches découle de l'examen du *SOW* pour obtenir l'arborescence du système.

---

1. Le *WBS* est défini par le *DoD*, norme MIL-STD-881B 25 March 1993, révisée MIL-HDBK-881 le 2 Janvier 1998.
2. L'*OBS*, c'est aussi l'organigramme des métiers tel que présenté dans toutes les sociétés.

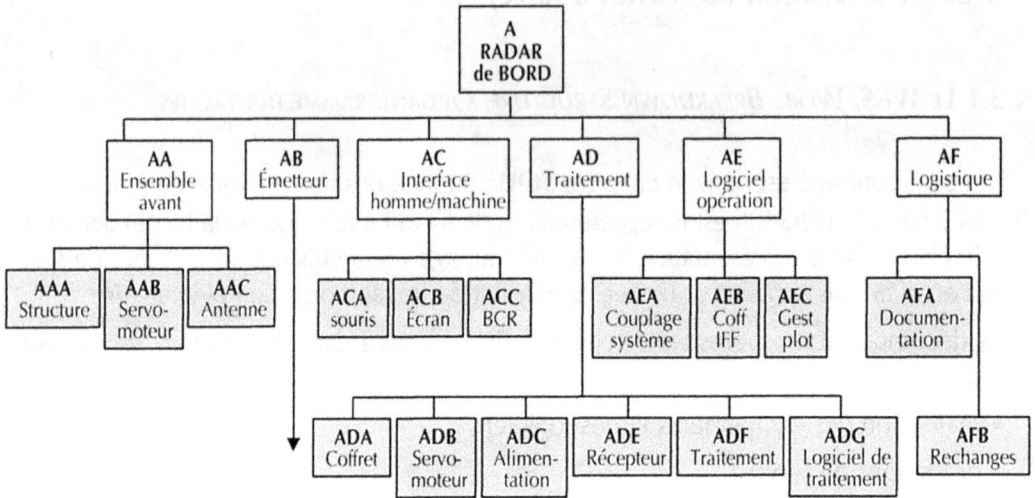

Figure 4.3 – Le WBS, Work Breakdown Structure : vue du chef de projet

La décomposition d'un *WBS* en niveaux s'arrête lorsqu'un élément peut être délégué sous forme de lot de travaux à un responsable unique.

Dans la figure 4.3 ci-dessus, la responsabilité se situera au niveau 2 (AA, AB, AC, etc.). La raison en est simple ; il ne faut pas trop décomposer car cela limite les responsabilités. Et donner un budget avec un seuil non significatif va dans le même sens.

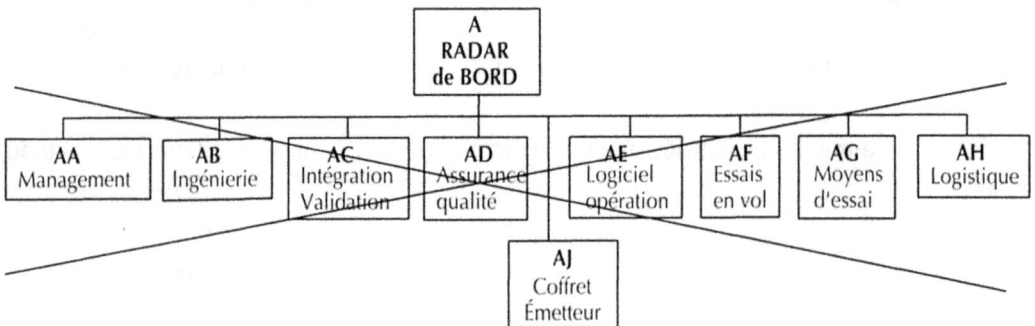

Figure 4.4 – Un WBS faux

Comparativement à la figure 4.3, ce *WBS* est inexact. Il n'est pas représentatif du travail à faire [3]. Il mélange les activités prises dans l'*OBS* (AA, AB, AC, AD, AG) qui correspondent au savoir-faire et les tâches (AJ, AE, AF, AH) qui correspondent au travail demandé, *cf.* NOTA 2.

Comment fait-on apparaître les liens entre les lots et l'avancement physique de l'affaire ? sur quel lot repère-t-on les jalons ?

NOTA 1 : identifier la tâche

Vous avez déposé votre voiture chez le garagiste pour changer une bielle du moteur, le *WBS*. En tant que client, ce qui vous intéresse c'est :

- de connaître le montant du devis (le garagiste inclinera plus vers une fourchette de prix),
- de convenir du délai de la réparation (vous partez en vacances dans quatre jours !),
- d'être sûr que la réparation sera bien faite et sans que cela se reproduise (la qualité).

La veille de votre départ vous passez chez le garagiste. Vous vous apercevez que rien n'a été démonté, le *WBS* n'a pas progressé. Pour vous rassurer, le garagiste vous informe qu'il a mis toute l'organisation du service mécanique, l'*OBS*, et qu'il a choisi des excellents ouvriers, le *RBS*, deux mécaniciens, un ouvrier spécialisé de l'usine ainsi que le chef de garage sur le sujet. Êtes-vous satisfait de la réponse ?

En tant que client, quelle visibilité avez-vous sur l'avancement de la réparation (en sus vous avez versé 30 % d'acompte) ?

Sachant que les activités de dépose du moteur, de démontage de la culasse, de remplacement des pièces, de remontage, les essais et la validation (*ABS*) devraient prendre au moins deux jours ?

La suite est laissée à l'imagination du lecteur.

La leçon à tirer est :

1. Qu'il faut tenir le client informé de la progression de son ouvrage (même si tout n'est pas à dire). De plus, le client sait bien que l'entrepreneur va étudier, acheter, sous-traiter, valider, etc. (*ABS*). Il s'agit de lui démontrer (3e volet fondamental de la qualité !) que son ouvrage progresse et ne pas transiger en lui démontrant la façon de s'y prendre.

2. Que l'argent reçu au fur et à mesure de l'avancement n'appartiendra au maître d'œuvre que lorsque la réception de l'équipement ou de l'ouvrage (transfert de propriété) sera prononcée.

3. Qu'un client, même en cours de contrat, peut démettre son fournisseur et confier à la concurrence le reste du travail à faire (même s'il y a préjudice).

---

3. Dans le programme de certificat à la fonction chef de projet par l'AFITEP, il est prévu une formation appropriée pour s'affranchir de cette erreur.

NOTA 2 : la différence entre la tâche et l'activité

Pour bien comprendre la différence entre tâche et activité, voici un exemple. Une entreprise déclarée en sous-charge signifie qu'il n'y a pas suffisamment de travail donc de tâches à donner aux employés alors que ceux-ci sont prêts à déployer leur savoir-faire donc à fournir de l'activité si on leur donne une tâche !

Conséquence : si le travail à fournir, *WBS*, égale zéro et que malgré tout la consommation (*OBS* et *RBS*) continue (pointage des heures), on arrive vite à une conclusion peu souhaitable...

NOTA 3 : la compétence ou la ressource

À propos de *RBS*. Bien qu'un projet revendique souvent son autonomie par rapport au reste de l'entreprise, il y a des passerelles à ne pas négliger.

Le *RBS* signifie aussi bien ressource que compétence. Aussi, un chef de projet en quête de compétence établira une fiche de poste qui a la même allure que celle émise par la DRH ou un journal de petites annonces :

- mission, c'est la dimension du poste dans l'entreprise,
- fonction, c'est la caractéristique du poste et ses effets attendus,
- activité, c'est le savoir-faire ou la compétence requise (c'est notre *ABS*). Par exemple, savoir établir des spécifications d'étude, savoir acheter, bref l'étendue d'une ou plusieurs composantes-métiers.
- compétence, c'est le diplôme qui légitime la formation ou le nombre d'années d'expérience dans l'activité.

4.4 L'organisation à mettre en place, (l'*OBS*, l'*ABS* et le *RBS*)

Dans une affaire, l'organisation à mettre en place est celle issue du savoir-faire du maître d'œuvre. Elle est à puiser dans l'organigramme de la société pour satisfaire les besoins de l'affaire (*cf.* figure 2.5).

4.4.1 L'OBS, l'*Organizational Breakdown Structure*

L'*OBS* retenu sera celui de l'affaire.

Le croisement du *WBS* d'une affaire avec l'*OBS* retenu (y compris les coopérants) permet d'identifier des responsabilités et donner des délégations appropriées. On en déduit l'équipe affaire avec les responsables métiers, les responsables de lot, le *project control*, la qualité.

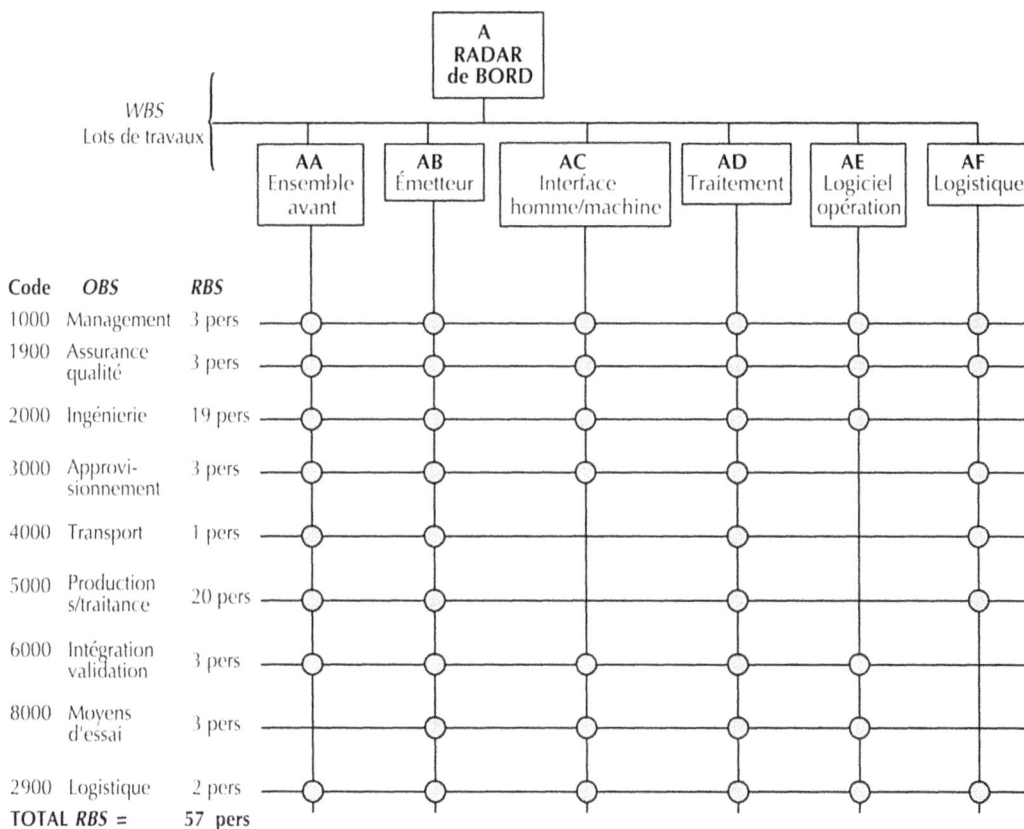

Figure 4.5 – L'Organizational Beakdown Structure, OBS versus WBS

L'examen de cette figure montre l'organisation, c'est-à-dire les moyens nécessaires pour satisfaire aux tâches de l'affaire. On notera que cette organisation, au détail près, ressemble fort à celle de l'entreprise (laquelle organisation, rappelons-le, est censée être permanente).

Deux autres éléments sont à noter :

1. L'*OBS* est censé être permanent, il a été facile de le codifier (*cf.* annexe 1, le code des coûts). L'intérêt de cette disposition est de capter les coûts en fonction de leur nature, de leur origine, de leur destination et de leur phase de progression.

2. Le *RBS* donne le niveau de compétence, NOTA 3, et la quantité de personnes requises (on retrouvera cette ressource dans les plannings) pour faire face à la charge de travail.

4.4.2 L'*ABS*, L'*Activity Breakdown Structure*

Comprendre l'utilité de l'*ABS* est l'un des points fondamentaux de ce livre.

L'*ABS* est l'expression du savoir-faire de chaque métier. L'*ABS* a la particularité d'être commun à tous les métiers, quel que soit le type d'ouvrage à réaliser (un violon, un camion, une grue, un ouvrage d'art, un satellite).

De ce fait, il est à l'origine des coûts émis dans une affaire. Pour cette raison, il est aisé de le codifier (*cf.* exemple de code des coûts en annexe).

Les activités standard sont au nombre de cinq (comme les doigts de la main) : Étudier, Fournir, Transporter, Monter ou assembler, Mettre en service.

À partir de ces éléments pour un projet industriel, *cf.* figure 3.3, on s'intéressera aux catégories d'activités les plus représentatives, à savoir :

ÉTUDIER	FOURNIR	TRANSPORTER	MONTER ASSEMBLER	METTRE EN SERVICE
- spécifier, - concevoir.	- acheter, - fabriquer.	- transporter, - stocker.	- intégrer, - valider, - qualifier.	- essayer, - démarrer.

4.4.3 Le *RBS*, *Ressource Breakdown Structure*

Le *RBS* comprend à la fois le type de métier requis (informatique, électricité, mécanique) et la compétence requise (ingénieur, technicien, agent, ouvrier, administratif) pour exercer les activités dont on a besoin.

Le responsable de métier

Le responsable de métier est pour chaque type de métier celui qui, dans l'entreprise, coordonne toutes les activités issues des différents lots de travaux d'un projet.

Il est le facilitateur des responsables de lot entre leur besoin et l'exercice du métier qui leur est nécessaire ; par exemple dans un bureau d'études, le responsable de la partie mécanique coordonne au plan du *RBS* les variations de charge et la qualité ainsi que le délai des prestations à effectuer par les différents *RBS* au profit des responsables de lot.

Avantages et inconvénients d'utiliser les responsables métier :

- ne pas avoir de responsable métier faisait la part belle aux responsables de lots qui exerçaient un « hold-up » permanent sur les *RBS* au détriment de ceux qui n'avaient pas eu la présence d'esprit d'anticiper.

- *a contrario* les responsables métiers ont aussi la fâcheuse tendance de prendre à leur compte les activités redevables aux responsables de lot ; par exemple un acheteur face à cinq responsables de lots aura tendance à regrouper les approvisionnements de son ressort et de les banaliser au point de ne pouvoir identifier le travail fait pour chaque responsable de lot.

Le responsable de lot

Les responsables de lot sont désignés par leur hiérarchie et reçoivent délégation du chef de projet pour conduire les travaux en cohérence avec la stratégie de l'entreprise et les exigences de l'affaire (choix techniques et industriels, gestion des moyens matériels et humains).

Chaque responsable de lot reçoit du chef de projet (*via* le coûteneur lors de la réunion de lancement) une fiche de lot dûment remplie pour un premier examen.

Chaque lot de travaux constitue une affaire pour un responsable de lot.

Les caractéristiques d'un lot de travaux sont :

- assigne à un responsable identifié,
- vérifiable par des critères d'entrée et de sortie,
- comporte une date de début et une date de fin,
- définit les interfaces avec les autres lots,
- constitue une ligne budgétaire du Budget Initial Prévisionnel d'Opération, hors provision pour risques,
- défini par un *SOW*,
- identifie au mieux les risques (en fait c'est le responsable de lot après examen approfondi de la fourniture de lot qui identifie les risques à son niveau de compétence près).

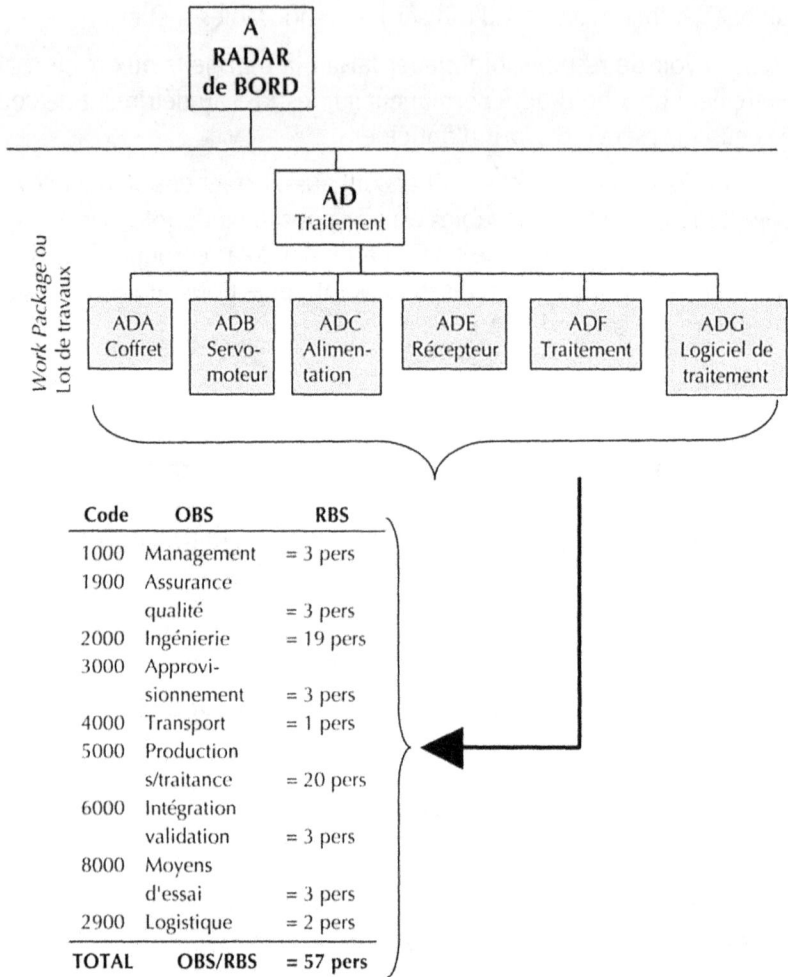

Figure 4.6 – Lot de travaux, Work Package, distribution de tâches élémentaires vs OBS

4.5 Les exigences

Approche d'une définition

Une exigence peut exprimer des fonctionnalités, des performances, des contraintes. Une exigence est une condition ou une capacité à satisfaire pour répondre à un contrat, une spécification ou tout autre modèle imposé.

L'émetteur peut être :

• le client,

• l'industriel, le chef de projet, l'ingénieur concepteur, la qualité, etc.

Reconnaître une exigence

En fait, il n'existe pas de langage formel pour exprimer les exigences. On utilise la syntaxe du langage naturel fondé sur des phrases (souvent l'anglais) :

• la phrase unique, élément de niveau normal,

• un agrégat de phrases, c'est-à-dire un paragraphe,

• une factorisation de phrases, c'est-à-dire un document.

L'important est de ne rien oublier.

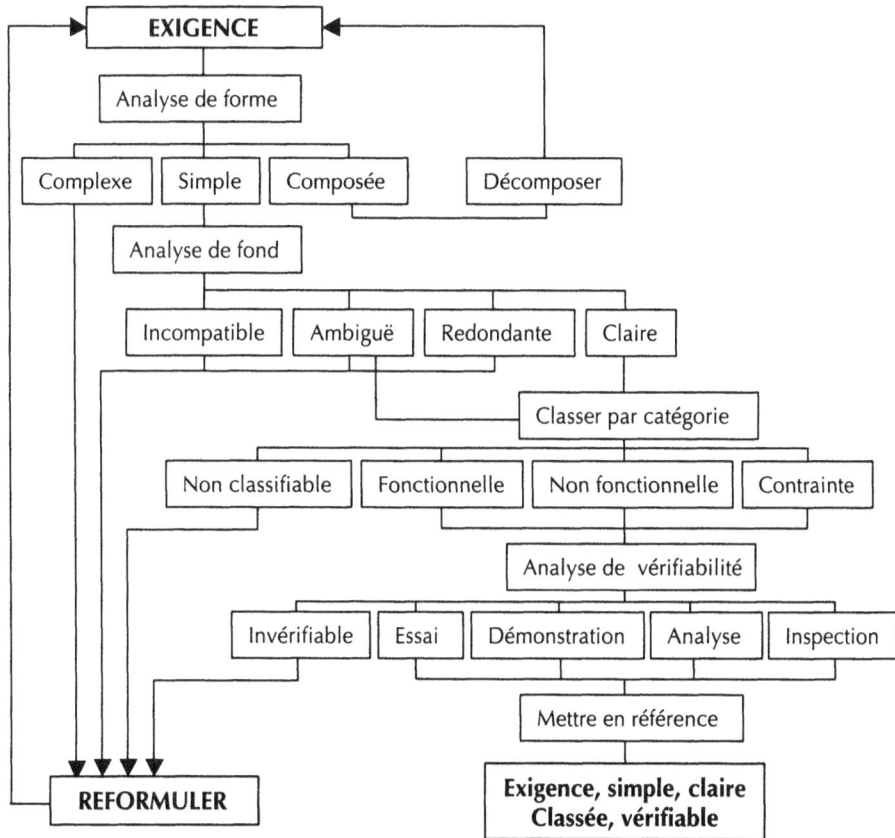

Figure 4.7 – Cycle de formalisation d'une exigence

Pour aider le lecteur, nous avons représenté ce tableau qui permet de capter les exigences et de les classer. C'est un bon outil du point de vue du programme qualité.

Comment classer une exigence ?

N°	FOND		CATÉGORIE			VÉRIFICATION			
	Claire	Ambiguë	Fonctionnelle	Non Fonctionnelle	Contrainte	Inspection	Analyse	Démo	Test
1									
2									
3									
4									
5									
ETC.									

La finalité n'est tout de même pas de mettre des croix dans les cases. La démarche de classification doit conduire à se poser des questions pertinentes sur la formalisation des exigences et la compréhension du besoin du client.

L'identification d'une exigence est un élément non négligeable de coût et aussi de délai.

Gestion et vérification des exigences

Une exigence, d'où qu'elle vienne (client, autres), doit faire l'objet d'une analyse avant d'être acceptée ; ce principe établi, il s'agit de distribuer utilement les exigences en fonction des cycles (ingénierie, fabrication, essais) en les incorporant dans le *SOW* de chaque fiche de lot.

Afin de prouver que les exigences telles qu'identifiées seront satisfaites (3e volet de la charte de qualité), les critères dans lesquels elles seront vérifiées sont en les classant par catégorie :

- inspection : vue, toucher, mesure,
- analyse : calcul, simulation, preuve,
- démonstration : vérification pour des caractéristiques non mesurables,
- test : vérification par des caractéristiques mesurables.

ON RETIENDRA

Si dans une entreprise, le P-DG est responsable de la stratégie, le chef de projet (maître d'œuvre délégué) en charge de la conduite de son affaire, n'est que le responsable de la tactique.

C'est pourquoi la maîtrise, et non pas la gestion, d'une affaire est obligatoirement assujettie à une méthode.

Cette méthode, qui procède de la démarche qualité « dire ce que l'on va faire », permet au chef de projet d'en mesurer l'enjeu dès le départ.

Il faut d'abord établir le référentiel de l'affaire, c'est-à-dire mettre en place des repères ou le calibrage, puis les outils pour satisfaire :

- d'un côté le contrat avec ses exigences,
- de l'autre côté les moyens à mettre en œuvre et leur ajustement ; et en outre sécuriser les paiements.

A. Le contrat

Le contrat décrit l'énoncé des travaux, *SOW*. Il est accompagné des spécifications, voire de la description du travail à faire, *CWBS* [4].

B. Les moyens

Les moyens humains sont issus de l'organigramme de l'entreprise, *OBS*. L'organisation en équipes permet le travail sur chacune des briques du *WBS*, les lots de travaux (*work package*).

Pour chaque lot de travaux, les équipes pluridisciplinaires, *RBS*, déploieront les activités appropriées, *ABS*, pour satisfaire le travail à faire (avancement physique).

Bien entendu cette organisation du travail sera soutenue par l'équipe coûtenance et planification pour prévoir en permanence la consommation des heures utiles et la progression, selon ce qui a été décidé, faire ce qui a été dit (2e volet de la qualité).

De plus, chaque étape contractuelle sera réputée franchie qu'après audit ou contrôle de la qualité, la preuve (3e volet de la qualité).

Le chef de projet sera ainsi informé en permanence de l'avancement technique et des mesures à prendre pour parvenir à terminer son projet dans les meilleures conditions.

---

4. *CWBS* : *Contract Work Breakdown Structure.*

Partie 3

Quelles sont les activités à déployer ?

CHAPITRE 5

La maîtrise des coûts et des délais [1]

---

1 Voir du même auteur « *La pratique des coûts dans les projets industriels* », *le cost control de l'estimation à la terminaison du contrat.* Éditeur : AFNOR.

5.1 Le pilotage

Pour que le pilotage fonctionne, il faut disposer de capteurs et véhiculer l'information saisie sans perte et sans délai vers des indicateurs, figure 5.1.

Ce chapitre est celui des indicateurs. Ils correspondent à la santé de l'affaire. En complément nous verrons d'autres indicateurs, cette fois-ci qualitatifs dans le chapitre 8.

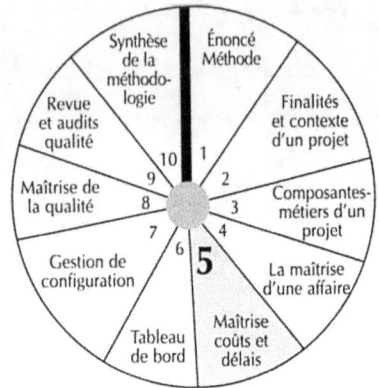

Pourquoi le pilotage ?

A. Afin de décider à temps, il faut :

- prévoir les coûts et les délais prévisionnels à terminaison,
- disposer de l'état courant de l'affaire,
- identifier, définir et manager les risques.

B. Il faut informer :

- le client, la direction en montrant la maîtrise (rassurer est le maître mot),
- les partenaires, assurer la cohérence.

Comment s'opère le pilotage ?

A. Périodiquement en ayant :

- des points d'avancement une fois par semaine, par mois, revues,
- des indicateurs de tableau de bord.

B. Occasionnellement à l'apparition :

- d'aléas,
- de nouveaux risques, demandes client,
- de catastrophe.

C. Par l'information en faisant :

- des réunions et comptes rendus d'avancement client,
- des rapports à la direction,
- des réunions d'information et de lancement d'évolution.

Les paragraphes suivants détaillent le fonctionnement des cinq indicateurs de la figure 5.1.

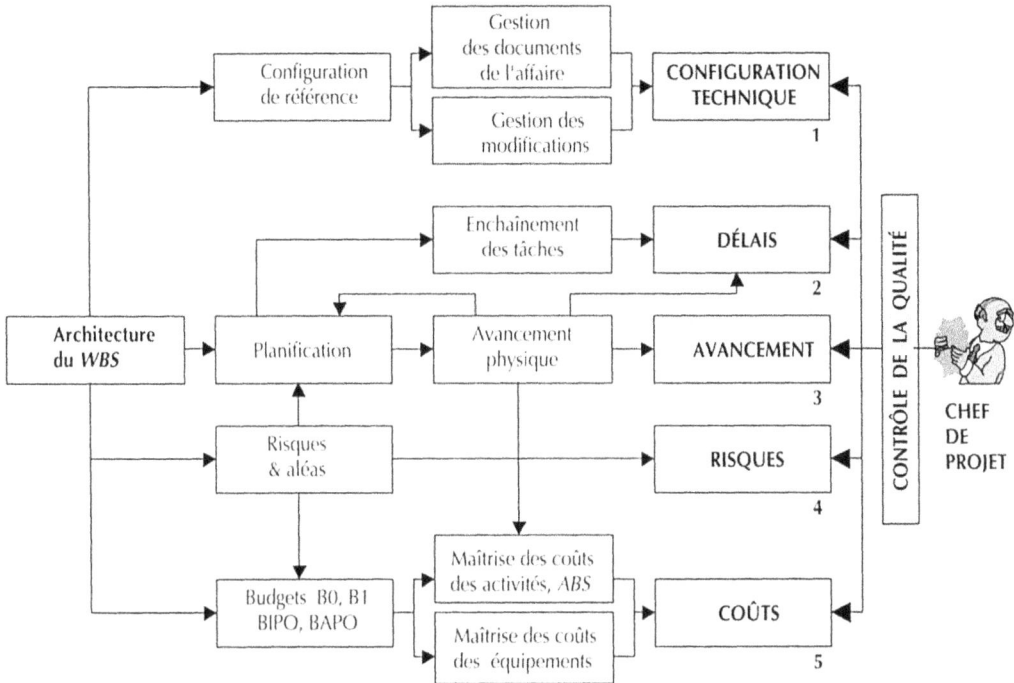

Figure 5.1 – Processus de la maîtrise de pilotage d'affaire

5.2 Le budget issu de l'estimation de l'offre

L'indicateur que nous examinerons est le n° 5 de la figure 5.1, les coûts.

Les coûts et les délais de référence sont établis (répartis par lot de travaux) à partir des données élaborées durant la phase de proposition.

Durant cette phase, l'estimation (et non pas encore le devis comme beaucoup l'appellent) est sous la responsabilité du chef de proposition, élaborée par les estimateurs [2].

L'estimation évolue avec la proposition.

---

2. *Estimation des coûts d'un projet industriel.* Éditeur : AFNOR

Bien que la méthode d'élaboration d'une estimation, voire d'un devis, soit aisée, il est nécessaire d'avoir à disposition un outil complémentaire permettant d'identifier tous les coûts. C'est ce qu'on appelle le code des coûts [3] (*code of account*), *cf.* figure 2.2 et annexes.

Cet outil a l'avantage d'être durable et permanent. Il dissèque toutes les activités, *ABS*, de l'entreprise donc des projets. C'est un code de nature, *ABS*, qui regroupe les coûts par destination (lot de travaux) et / ou par phase (études, fournitures, essai, etc.).

Dans cette hypothèse, le budget est appelé budget de référence contractuel, « B0 », *cf.* figure 5.2.

Il est égal au prix de vente du contrat (la ressource) et est valable pour toute la durée de l'affaire.

Un budget n'est modifiable que par avenant contractuel, il portera alors la référence, B1, B2.

Dans une affaire, le responsable du budget, NOTA 1, est bien entendu le chef de projet. Il est assisté d'un coûteneur qui a pour mission première non pas de tenir le budget (comme beaucoup pourraient le croire) mais de prévoir le coût final (ou le délai final pour un planificateur) de l'affaire à terminaison.

Ce concept est nouveau. Il ne s'applique que dans le cadre du management de projet afin d'assurer la maîtrise du projet et surtout pas en faire la gestion.

Le budget ne sera distribué qu'en fonction des grandes masses, à savoir :

- le budget technique (produit des heures estimées et des débours [4] pour chacun des lots de travaux),
- les risques techniques et aléas (provisions de précaution pour aléas, affermissement),
- la marge brute (marge nette, frais généraux, pénalités, risques).

---

3. Voir en annexes.
4. Débours : terme employé pour les valeurs nécessaires aux achats de matériels ou d'études sous-traitées.

```
┌─────────────────────────────────────────────────────────────────┐
│              FICHE DE PRIX DÉFINITIVE RÉALISATION, B0            │
│  ┌───────────────┐  ┌──────────────────────┐                    │
│  │               │  │ FICHES DE LOTS ou CWBS│  ⎫                 │
│  │   RECETTES    │  │                       │  │                 │
│  │               │  │ AAAA Fiche de lot 1   │  │                 │
│  │ PRÉVISION-    │  │ AAAB Fiche de lot 2   │  │  CWBS =         │
│  │   NELLES      │  │ AAAC Fiche de lot 3   │  ⎬  Architecture   │
│  │               │  │ AAAD Fiche de lot n   │  │  totale du      │
│  │     ou        │  │ AAAE, etc.            │  │  système        │
│  │               │  └──────────────────────┘  │                 │
│  │  PRIX DE      │  ┌──────────────────────┐  │                 │
│  │  VENTE        │  │ PROVISION DE PROJET   │  │                 │
│  │               │  │ • pour aléas techniques│ │                 │
│  │    DU         │  │ • pour affermissement │  ⎭                 │
│  │               │  └──────────────────────┘                    │
│  │  CONTRAT      │  ┌──────────────┐ ┌──────────────────────┐   │
│  │               │  │              │ │ Provision générale   │   │
│  │               │  │   MARGE      │ │ Risques pénalités    │   │
│  │               │  │              │ ├──────────────────────┤   │
│  │               │  │   BRUTE      │ │ Contribution aux     │   │
│  │               │  │              │ │ frais généraux       │   │
│  │               │  │   PROJET     │ ├──────────────────────┤   │
│  │               │  │              │ │ Marge nette          │   │
│  └───────────────┘  └──────────────┘ └──────────────────────┘   │
└─────────────────────────────────────────────────────────────────┘
```

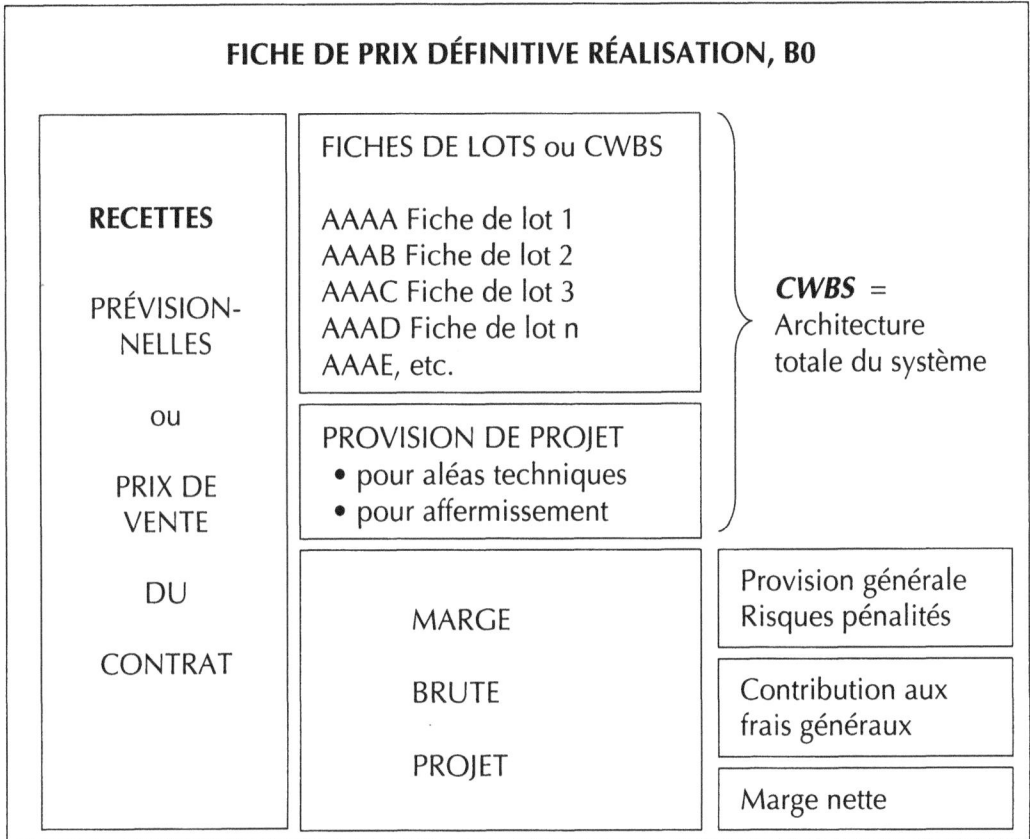

Figure 5.2 – Relation entre la fiche de prix de vente et le budget initial, B0

5.3 Le BIPO

Le BIPO, Bilan Initial Prévisionnel d'Opération, correspond au budget B0 avec la particularité d'être ajusté en fonction du résultat de la négociation avec chaque responsable de lot.

Il y a quelques années, le chef de projet attribuait unilatéralement un budget à chaque fiche de lot (*cf.* chapitre 6.3).

Cela a été vécu comme un échec, tant par le chef de projet soucieux de ne pas distribuer plus que ce qu'il avait de budget, que par chaque responsable de lot rendu otage de l'attribution d'un travail sans contrepartie quant à la mesure du coût ou du délai.

Le problème à résoudre est celui d'un accord réciproque entre le chef de projet et les responsables de lot ; le premier va batailler pour conserver au plus près l'économie générale de son projet au fur et à mesure qu'il distribue les fiches de lot, les seconds vont en fonction du travail demandé dans la fiche de lot ; soit ne pas accepter les conditions, ce qui est au demeurant fréquent, soit les accepter avec réserves.

Depuis, la méthode a été amendée au profit des deux parties :

- le chef de projet propose un budget et un délai compte tenu de la description du *SOW*, pour chacun des lots de travaux.
- le responsable de lot confirme ou infirme en argumentant ses besoins à savoir :
  - la jouissance du savoir-faire (potentiel en *RBS*, interfaces, moyens matériels),
  - l'identification des risques (au vu de ses responsabilités),
  - les modifications possibles (potentiel d'avenant à proposer, nouvelle technique).

Lorsque les deux parties se sont mises d'accord, la fiche de lot est signée et le travail peut commencer.

Dans ce cas, tous les points ci-dessus auront été examinés, à savoir :

- l'étendue du travail à faire, le *SOW* avec les éléments d'entrée et de sortie,
- la tâche à exécuter, le *work package* ou partie du *WBS*,
- l'énumération des activités, *ABS*, qu'il va déployer pour satisfaire le besoin,
- les ressources ou les compétences, le *RBS*, des différents métiers à employer,
- le budget à disposition (heures et débours),
- le délai à respecter (date de début et date de fin),
- l'identification des risques ou des gisements à venir,
- la définition des interfaces avec les autres lots ou intervenants (en entrée et sortie).

La conséquence de cette négociation est souvent bénéfique car le titulaire de lot se sent au plan psychologique responsable d'éléments dont il a la maîtrise.

En retour, le chef de projet a acquis une garantie de responsabilité.

Le BIPO est le résultat de toutes les fiches de lot signées (*SOW*, coûts et délai acceptés) et du travail d'étalonnage achevé.

© Éditions d'Organisation

Ce BIPO devient la référence du projet, tant en travail à faire qu'en coût et délai.

Entre les premières fiches de lot remises lors de la réunion de lancement de l'affaire et la finalisation du BIPO, il ne doit pas excéder une semaine.

Ce travail, sous la responsabilité du chef de projet, est en règle générale délégué au contrôleur de projet [5] de l'affaire.

TABLEAU de BORD (simplifié) du RESPONSABLE DE LOT

Désignation LOT AABC	CPP BIPO rev 0			CPR to Date (engagement)					Commitments to date — Dépensé	PPS to completion		CPE at completion		Écart relatif	Écart absolu
	Heures	Taux €/h	Euros	pris sur stock	Engagt Cde	Heures	Taux €/h	Coût des heures	Dépensé	Heures	Euros	Heures	Euros	CPE-CPE n-1	CPE CPP
Équipement/Appro			10000	400	2200				400						
			0												
Responsable de lot	400	55	22000			25	55	1375	1375						
Ingénieur cat1	1200	42	50400			350	42	14700	14700						
Technicien	1600	36	57600			170	36	6120	6120						
Bureau d'études	2500	36	90000			370	36	13320	13320						
Fabrication	3200	32	102400			0	32	0	0						
S\traitance externe	600	90	54000		18000				8000						
Frais (voyage)	15	55	825		155				155						
Risques	cf projet		0												
Pénalités	cf projet		0												
Garantie	cf projet		0												
TOTAL =			387225	400	20355	915	201	35515	44070						

Commentaire : ....

....

....

....

Figure 5.3 Exemple de tableau de bord de chaque responsable de lot, phases BIPO et CPR

---

5. Encore une fois, il ne s'agit pas du contrôleur de gestion mais du titulaire du poste regroupant les fonctions « planning, coûtenance et contract management ».

5.4 La coûtenance et le BAPO

La coûtenance

L'affaire est maintenant lancée. Le BIPO est en place. On va passer à la phase suivante, l'engagement des coûts ou CPR (Coût de Production Réel). Celle-ci va durer jusqu'à la fin de l'affaire. Si d'aucuns appellent cette phase la gestion, pour notre part on préfèrera la nommer maîtrise des coûts, *cost control*, NOTA 2.

Dès le BIPO, des capteurs ont été mis en place. Le principe de ces capteurs est :

$$\textbf{Coût Unitaire} \times \Sigma \textbf{ Quantités Unitaires = Coût de la ligne budgétaire}$$

À partir de ce principe arithmétique simple, quelle que soit la variation des termes, on pourra les comparer, soit à ceux de la ligne budgétaire équivalente du BIPO, soit réévaluer l'un des trois termes pour juger le coût final estimé.

Durant cette phase engagement ou CPR, NOTA 3, on appliquera ce principe tour à tour à chacune des activités (spécification, conception, achat, fabrication, intégration, essais) de chaque lot de travaux, sous-système et ce jusqu'au système.

Mais si chaque responsable de lot peut avoir sa feuille de route changée, il y a une cohérence à assurer au plan des coûts et des délais au niveau de l'ensemble de l'affaire.

En effet il y a des jalons, des revues, des événements (risques à redouter, réestimations périodiques du reste à faire) qui doivent remonter régulièrement au niveau de l'affaire, et être fédérés par le coûteneur. Ce dernier a pour mission de donner en toute indépendance, grâce aux indicateurs mis en place, au chef de projet :

- les coûts à date (heures consommées, montants engagés, risques éteints), c'est le CPR,
- les tendances à venir (la productivité, les risques, les dépassements), c'est le *TREND*,
- et le Coût Prévisionnel Estimé de l'affaire à terminaison, c'est le CPE, *forecast*.

C'est ce dernier point que nous allons aborder maintenant.

Le BAPO

Le BAPO, Bilan Actualisé Prévisionnel d'Opération, est le résultat attendu de la réestimation à un moment « t » du travail à faire jusqu'à la fin de l'affaire.

C'est un travail de prédiction qui se fait par un professionnel, le coûteneur.

Suivant l'importance du cycle de réalisation, un BAPO est entrepris tous les trois ou quatre mois. Sur la base des engagements à date donc connus, on réestime sans concession le travail restant à faire (les coûts, les quantités, les délais) jusqu'à la terminaison de l'affaire.

Le résultat obtenu, le BAPO, est à comparer au budget. Que ce BAPO soit égal, en deçà ou au-delà du BIPO, c'est une indication qui permet de prendre les mesures correctives qui s'imposent pour rallier l'objectif fixé.

L'erreur serait de reconduire le budget ou de déclarer le dépassement (s'il y a lieu) qu'au dernier moment.

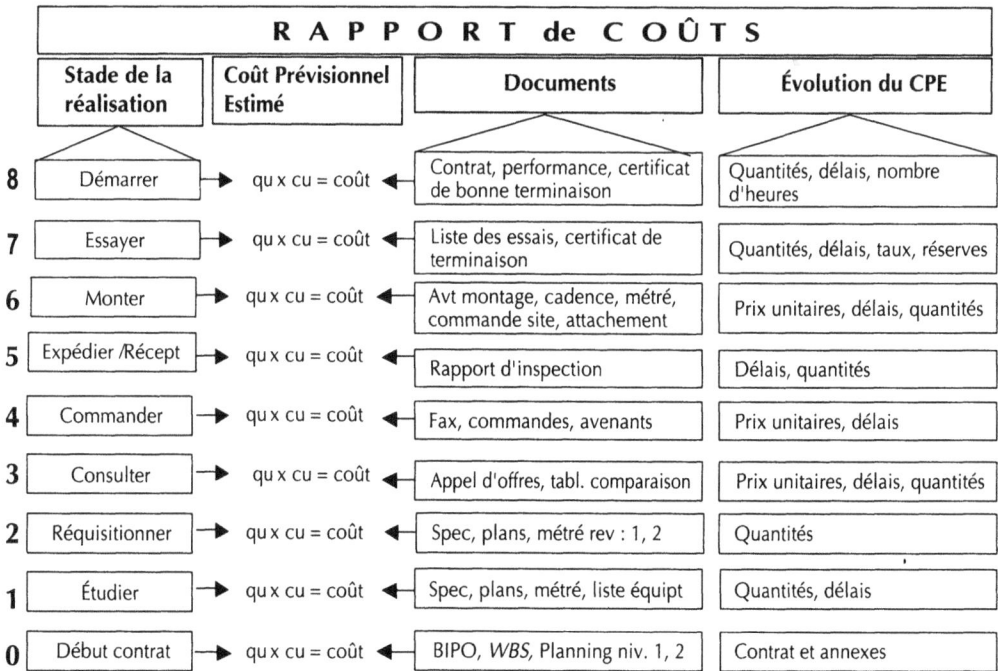

	Stade de la réalisation	Coût Prévisionnel Estimé	Documents	Évolution du CPE
	R A P P O R T de C O Û T S			
8	Démarrer	qu x cu = coût	Contrat, performance, certificat de bonne terminaison	Quantités, délais, nombre d'heures
7	Essayer	qu x cu = coût	Liste des essais, certificat de terminaison	Quantités, délais, taux, réserves
6	Monter	qu x cu = coût	Avt montage, cadence, métré, commande site, attachement	Prix unitaires, délais, quantités
5	Expédier /Récept	qu x cu = coût	Rapport d'inspection	Délais, quantités
4	Commander	qu x cu = coût	Fax, commandes, avenants	Prix unitaires, délais
3	Consulter	qu x cu = coût	Appel d'offres, tabl. comparaison	Prix unitaires, délais, quantités
2	Réquisitionner	qu x cu = coût	Spec, plans, métré rev : 1, 2	Quantités
1	Étudier	qu x cu = coût	Spec, plans, métré, liste équipt	Quantités, délais
0	Début contrat	qu x cu = coût	BIPO, *WBS*, Planning niv. 1, 2	Contrat et annexes

Figure 5.4 – Schéma du déroulement du BAPO

NOTA 1 : le budget du contrat versus le budget vu du contrôle de gestion

On évitera de mélanger le budget annuel tel que le contrôle de gestion de l'entreprise est enclin à imposer (pour des raisons d'exercice fiscal, d'en-cours, etc.) avec celui de l'affaire qui couvre souvent plusieurs exercices civils. Ne pas respecter ce dispositif revient à déstructurer l'affaire et ne plus savoir ce que coûte un projet [6].

NOTA 2 : connaître la différence entre coûtenance et contrôle de gestion

À propos de la compréhension du rôle du contrôle de gestion et de la coûtenance.

Si, pour un électricien, il est aisé de différencier la caractéristique [7] entre :

- un interrupteur,
- un commutateur,
- un sectionneur,
- et, un disjoncteur,

pour un chef d'entreprise ou pour un chef de projet, la compréhension de la différence entre ces deux fonctions, l'une tournée vers l'entreprise et l'autre tournée vers le projet, doit être de même. Le contrôle de gestion gère des flux de dépenses pour l'entreprise. Il assure une fonction de répartition. La coûtenance est chargée de prévoir les coûts à terminaison (*cost control*) et non pas de les suivre (*monitoring*) pour le projet. C'est une fonction d'anticipation, d'où le concept de coûtenance relatif à la maîtrise des coûts par projet.

NOTA 3 : la différence entre le coût, outil du projet, et la dépense, outil de l'entreprise

La phase CPR, Coût de Production Réel ou phase des engagements est la compilation des coûts saisis au plus tôt. Le but est de savoir où l'on en est à chaque instant. En cela, seule la chasse aux coûts est à pratiquer.

Si on ne s'intéresse pas ou peu aux dépenses correspondantes, c'est parce qu'elles présentent l'inconvénient :

- de passer par le filtre de la comptabilité,
- que la comptabilité n'accepte la dépense que si elle est supportée par un document (en général la facture ou le bon à payer),
- que la dépense est décalée par rapport à la naissance du coût de 1 à 3 mois au minimum, voire jusqu'à un an.

---

6. J'ai personnellement contribué à cette disposition dans un entreprise de fabrication de chaudières nucléaire dont le cycle de vie de chaque contrat était voisin de huit ans.
7. Il s'agit du pouvoir de coupure du courant en charge.

Par conséquent, quand on est chef de projet et que l'on veut savoir ou l'on en est, ce n'est pas le critère dépense qui sera le support de l'information, mais le coût.

Voici quelques explications sur la compréhension des colonnes du CPR.

• **Colonne « pris sur stock »**

Il s'agit d'articles en stock ou disponibles sur étagère de l'entreprise pour être, le cas échéant, incorporés dans l'ouvrage. Par exemple, un composant à mettre dans un coffret électronique ou des solvants devant entrer dans une composition chimique industrielle. Le coût donné par le contrôle de gestion ressort du mode de calcul LIFO ou FIFO.

• **Colonne « engagement de commande »**

C'est l'inscription du montant de la commande (hors taxes et révision de prix) d'un fournisseur. Pour le fournisseur c'est son prix, mais pour le coûteneur c'est d'abord un coût concrétisé par un engagement. On notera au passage que l'information de coût, bien avant que la commande n'ait été faite, aura été inscrite dans la colonne CPE !

• **Colonne « taux en euros de l'heures »**

Cela correspond au relevé mensuel des heures consommées sur chaque lot de travaux.

• **Colonne « dépensé » ou** *commitment to date*

Elle correspond aux dépenses enregistrées en comptabilité. Attention, le devoir du comptable est de ne pas enregistrer de dépenses supérieures aux coûts distribués par le coûteneur.

• **Colonne « PPS** *to completion* **»,** Prévision Pour Solde à terminaison.

Cela correspond à la prévision pour solde. C'est à remplir quand le travail restant à faire est bien identifié. Il ne s'agit pas de faire l'opération arithmétique « Budget – Engagement ». Cela est une erreur et une faute.

5.5 La maîtrise des délais

Les indicateurs que nous examinerons sont les n° 2 et n° 3 de la figure 5.1.

Comme pour la coûtenance, la première mission de la maîtrise des délais est un travail de prévision et d'alerte. La seconde mission du planning est de maîtriser l'avancement physique des tâches, c'est-à-dire la progression du travail produit.

L'avancement de la consommation (les ressources) est du ressort de la coûtenance.

Rappelons que le rapport du travail produit (en heures) sur la consommation (exprimée aussi en heures) donne la productivité.

La planification est faite par un professionnel, le planificateur.

Il faut faire la différence entre la technique du planning, laquelle a une démarche assez mécanique, et la technologie du planning dont le soutien est apporté depuis une quinzaine d'années par des progiciels.

La représentation usuelle d'un planning est soit des barres reliant deux ou plusieurs dates distribuées sur un axe en fonction de l'écoulement du temps, c'est le *GANTT,* soit un réseau de tâches reliées les unes aux autres par des liens, c'est le PERT.

Mais ce n'est pas parce qu'on est un petit génie de l'informatique qu'on devient un professionnel de la planification.

Deux écueils sont à éviter. Le premier serait de faire un chemin critique sans tenir compte des enchaînements logiques des tâches, le second serait de marier les ressources avec celles dont s'occupe la coûtenance.

La planification pour l'avancement

Dans une affaire, si on excepte le planning de la proposition ou celui du contrat qui est le niveau 0, il y a quatre niveaux de plannings (figure 5.5).

Quand on dit mettre en place le budget, pour le planning, il y a plusieurs choses à faire en même temps. Il s'agit de mettre en place :

- le planning de référence de l'affaire (niveau : 2) à l'image de ce qui a été vendu et d'identifier les dates jalons (figure 5.5),
- les liens logiques entre les tâches, en partant du système puis des sous-systèmes et ce jusqu'aux lots de travaux (figures 4.3 et 5.6),
- les plannings simplifiés correspondant à chaque fiche de lot (figure 5.7).

Comment s'y prendre ?

Pour mettre en place le planning de référence, on le découpe conformément à l'architecture du système : c'est-à-dire que tâche après tâche on met en place les liens logiques de l'arborescence grâce à l'outil commun de décomposition, le *WBS* (figures 4.3 et 5.6).

Cet enchaînement, des tâches est exactement ce dont a besoin le client, le chef de projet et tous ceux qui doivent connaître la progression ou l'avancement physique.

Parallèlement, un deuxième type de décomposition est à opérer, c'est celui de l'arborescence des activités, *ABS.*

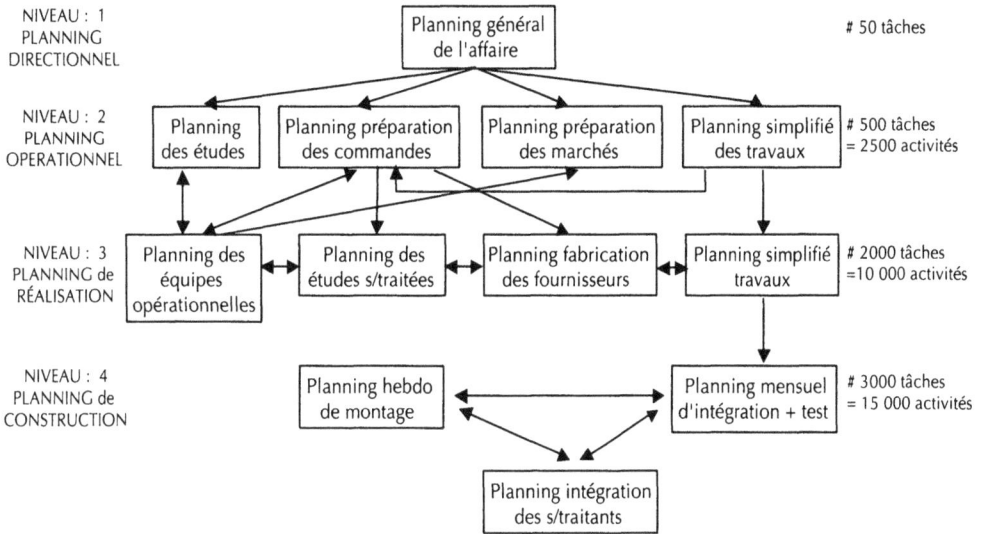

NIVEAU : 1
PLANNING
DIRECTIONNEL

NIVEAU : 2
PLANNING
OPERATIONNEL

NIVEAU : 3
PLANNING de
RÉALISATION

NIVEAU : 4
PLANNING de
CONSTRUCTION

Planning général de l'affaire — # 50 tâches

Planning des études | Planning préparation des commandes | Planning préparation des marchés | Planning simplifié des travaux — # 500 tâches = 2500 activités

Planning des équipes opérationnelles | Planning des études s/traitées | Planning fabrication des fournisseurs | Planning simplifié travaux — # 2000 tâches =10 000 activités

Planning hebdo de montage | Planning mensuel d'intégration + test — # 3000 tâches = 15 000 activités

Planning intégration des s/traitants

Figure 5.5 – Arborescence des plannings

On se souviendra que chaque lot de travaux est réparti en cinq grandes familles d'activités (spécification, conception, fabrication, intégration, essais). Si on réunit chacune de ces activités pour l'ensemble des lots de travaux, on fait une nouvelle décomposition de l'architecture de l'affaire par phase : études, fournitures, livraison, construction, essais.

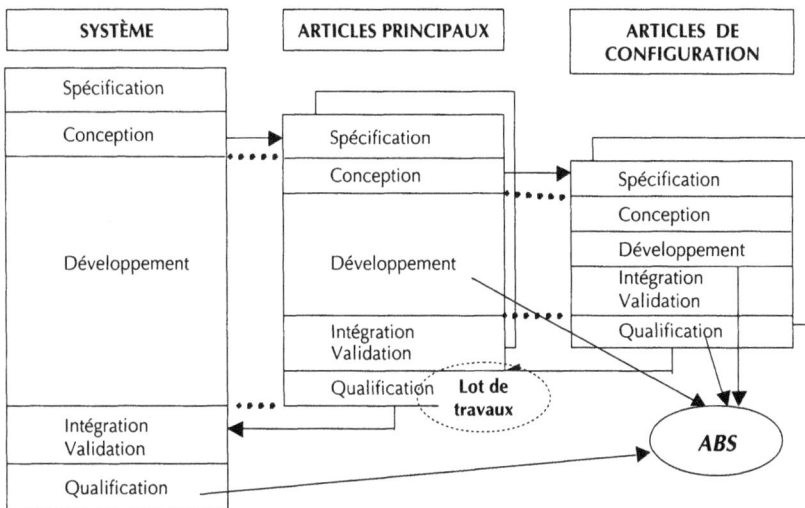

Figure 5.6 – Architecture du WBS décrivant les liens logiques

Les nombreux logiciels du marché permettent aisément d'y parvenir.

Cette décomposition est utile pour les départements techniques de l'entreprise car cela correspond bien à leur organisation et à la façon d'exprimer leur savoir-faire (figure 4.5).

C'est un autre type d'enchaînement, non plus des tâches mais des activités.

Mais attention au piège de ne pas gouverner le planning de l'affaire au profit de cette organisation qui privilégie les activités et les ressources (la consommation) et masque l'avancement du travail, NOTA 4.

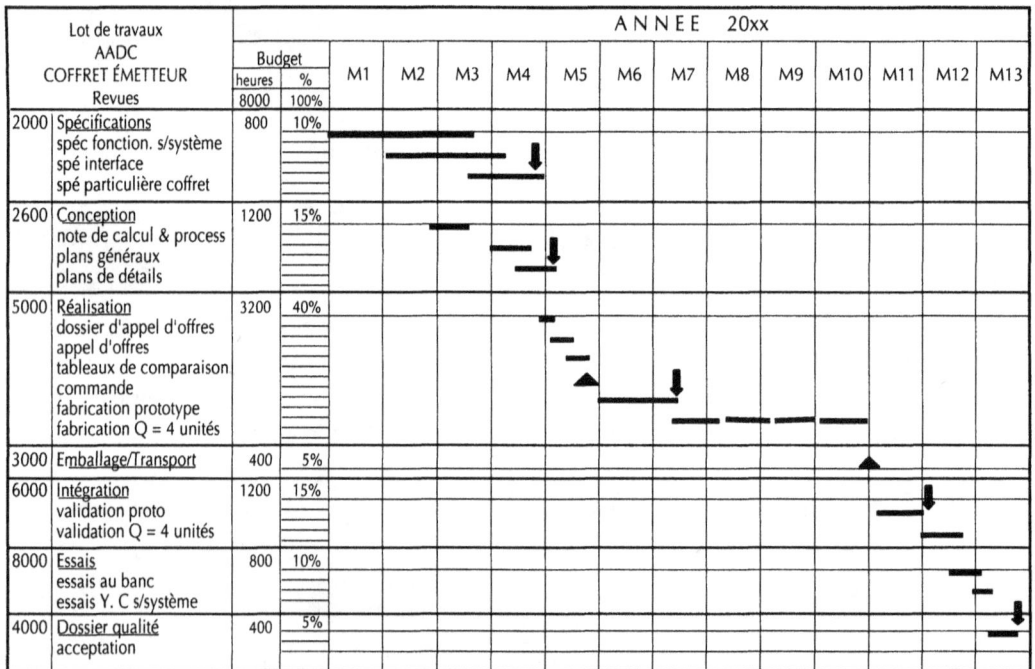

Lot de travaux AADC COFFRET ÉMETTEUR Revues	Budget		ANNEE 20xx												
	heures 8000	% 100%	M1	M2	M3	M4	M5	M6	M7	M8	M9	M10	M11	M12	M13
2000 Spécifications spéc fonction. s/système spé interface spé particulière coffret	800	10%													
2600 Conception note de calcul & process plans généraux plans de détails	1200	15%													
5000 Réalisation dossier d'appel d'offres appel d'offres tableaux de comparaison commande fabrication prototype fabrication Q = 4 unités	3200	40%													
3000 Emballage/Transport	400	5%													
6000 Intégration validation proto validation Q = 4 unités	1200	15%													
8000 Essais essais au banc essais Y. C s/système	800	10%													
4000 Dossier qualité acceptation	400	5%													

Figure 5.7 – Planning du lot de travaux AADC

NOTA 4 : l'avancement physique

L'avancement physique se calcule au nombre de documents ou éléments tangibles à produire, (*cf.* figure 3.3).

Si par exemple (*cf.* figure 5.7), les spécifications et la conception sont faites, l'avancement physique correspondant sera de 25 %, sur un budget d'heures total de 8 000 h. Cela correspondra à 0,25 x 8 000 = 2 000 h.

Or, quelle aura été la consommation correspondante ? Cette dernière sera le reflet du nombre d'heures pointées chaque mois par les différents personnels ayant travaillé sur ce lot.

On distinguera trois cas selon que la consommation des heures constatée par rapport à l'avancement sera :

- au-dessous. Le rendement est bon puisque le rapport travail sur consommation est > 1,
- égale. Le rendement est bon puisque le rapport travail sur consommation est = 1,
- au-dessus. Le rendement est mauvais puisque le rapport travail sur consommation est < 1. Il y aura des mesures correctives à prendre.

Le planning étant en place, quatre paramètres au moins peuvent mesurer l'avancement (la progression du travail).

- *PM* : *Percentage Milestone.* À chaque fait technique sont associés une date de réalisation et un poids calculé en pourcentage du délai final estimé. À chaque passage de jalon, la valorisation de l'avancement est égale au poids du jalon.

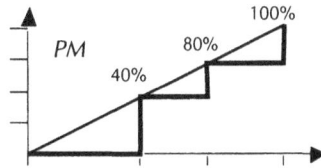

- *PC* : *Percentage Correspondant,* borne ou jalon. Cela correspond à un avancement sanctionnant un jalon caractéristique, exemple la revue des études pour l'ingénierie puis la validité d'un prototype.

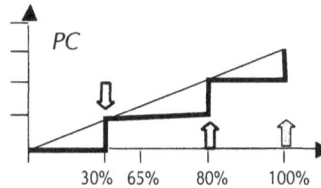

- *EU* : *Equivalent Unit,* unité de compte. Cela correspond à un avancement au compteur, exemple le nombre d'heures consommées de x personnes affectées à l'activité de mise en route d'une machine.

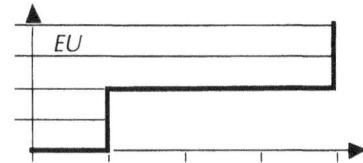

- *LE* : *Level of Effort,* niveau de travail. Cela correspond à une tâche « hamac » souvent employée pour la mesure de l'activité de coordination.

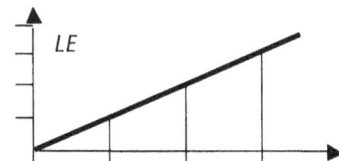

Maîtrise des délais

Maîtriser les délais, c'est maîtriser les écarts de dates au regard des effets qu'ils engendrent.

En complément de la connaissance de l'avancement d'une affaire, le problème à résoudre est d'atteindre les étapes (les jalons) aux dates requises.

Pour ce faire, on dispose :

- de la chaîne des liens entre les activités à déployer pour chacune des tâches,
- des paramètres permettant d'apprécier la progression de l'avancement au sein des tâches,
- de la productivité qui se dégage pour chaque tâche.

Pour atteindre les étapes, il faut tracer entre chaque sous-ensemble de l'arborescence des liens logiques (dans ce cas, les liaisons « père-fils » c'est-à-dire par destination sont à recommander (figure 5.8), les liaisons par nature sont à proscrire), qui permettent d'atteindre le point de regroupement à temps.

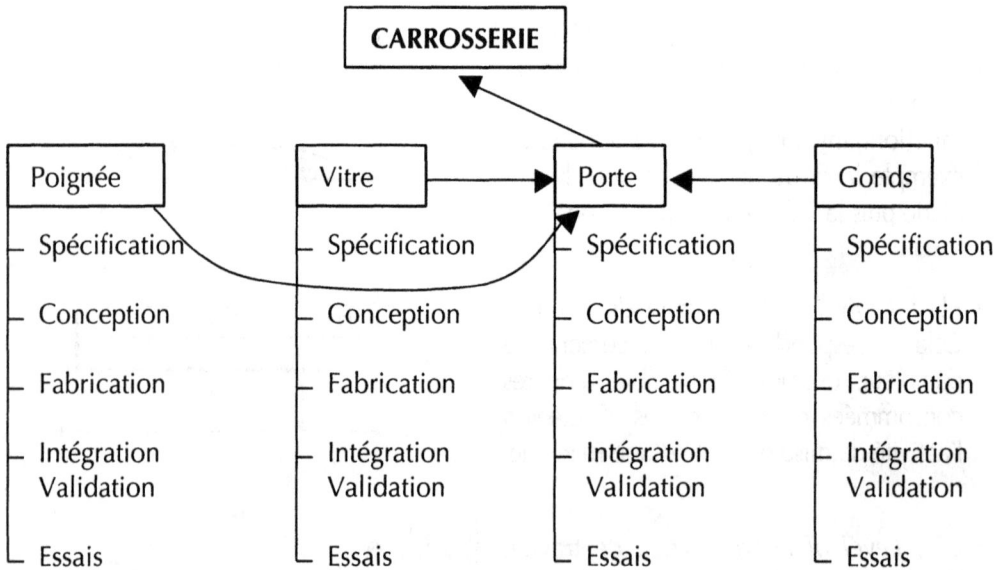

Figure 5.8 – Liaisons père-fils

Ce n'est pas parce qu'une rue est embouteillée qu'on se doit de suivre cette voie et d'attendre l'écoulement du trafic. On utilisera les rues adjacentes, voire même les contre-allées pour atteindre à temps le point de rendez-vous.

En planification, la démarche est la même, on met en parallèle (*by pass* ou contournement) toutes les autres solutions pour que la logique des enchaînements soit respectée en identifiant une artère principale : le chemin critique de l'affaire.

L'enchaînement des tâches élémentaires contribue à obtenir un chemin critique de l'affaire ; ce chemin correspond à l'enchaînement des tâches les plus tangibles ayant la plus courte marge, autrement dit, c'est la ligne la plus directe.

En fonction du respect (avec ou sans marge) des étapes, le planificateur sait avec ce dispositif prédire le délai final de l'affaire.

C'est le plus important travail qu'il a à fournir.

C'est dur à mettre en place, en cela les logiciels actuels sont d'un bon soutien.

Ainsi, la conjugaison « avancement et délai » (figure 5.1, indicateurs n° 2 et n° 3) saura renseigner le management de l'affaire sur le délai final prévisionnel à terminaison.

Ce en quoi un planning n'est jamais à jour.

5.6 La maîtrise des risques

La maîtrise des risques concerne l'indicateur n° 4 de la figure 5.1.

Un risque peut être défini comme la possibilité que des événements conduisent à une réalisation de lots de travaux dans des conditions anormales. La conséquence redoutée est que cela conduise à des travaux supplémentaires non financés.

Ne soyons pas trop chauvin. Nous verrons un peu plus loin que des risques bien identifiés peuvent être générateurs de profit, tout dépend à quel moment ils arrivent.

Un risque peut avoir de multiples origines :

• commerciale ; par exemple la non-disponibilité des installations à charge du client,

• technique ; par exemple la reprise de définition d'un équipement nouveau à la suite d'essais de qualification refusée par la qualité (*cf.* figure 3.3), voire la non-maîtrise d'une technique nouvelle,

- industrielle ; par exemple la cessation d'activité d'un fournisseur, l'obsolescence d'un composant-clé, la non-maîtrise d'une technologie,

- politique ou financière ; par exemple le non-paiement du client, les lois locales trop laxistes, voir aussi le chapitre 2.2.3 pour s'en affranchir.

Nous n'évoquerons pas ici les risques liés à la sécurité, la criminalité, l'enlèvement, le racket.

Énoncé

Un risque est un événement qui, s'il se produit, compromet la tenue des objectifs des lots de travaux concernés.

Cela peut provoquer des travaux supplémentaires, des glissements de délais, des dégradations de performance et bien entendu des surcoûts.

A l'opposé, un gisement est une opportunité qui, si elle est saisie, permet de dégager une marge de manœuvre.

Comment bien maîtriser les risques ?

Voici en cinq points une démarche permettant d'aider le chef de projet, sachant que ce sujet est affaire de spécialiste, (ce dernier est appelé le *risk manager*) :

A. Identifier et classer les risques

- quand ?
    - dès la phase projet
    - à tout moment dans l'affaire et en particulier à chaque campagne de réestimation
- comment / qui ?
    - par les concepteurs (les responsables de métier)
    - par les responsables de lot (aide de *check-lists*)
    - par le coûteneur et le planificateur et aussi le *risk manager* (quand il existe)
- formalisation
    - ouverture de fiches de risques (titre, description), (figure 5.9)
    - *cf.* NOTA 5.

B. Analyser

• qui ?

    - le responsable de lot (aidé du coûteneur de l'affaire)

• comment ?

    - qualitatif (probabilité d'occurrence, sévérité d'impact, classement)

    - quantitatif (action de réduction, solutions alternatives, coûts, jalons)

• formalisation

    - fiche de risques.

A. Le pire des cas **X** coût **X** probabilité de 80 %   = Total

B. Le cas moyen **X** coût **X** probabilité de 50 %   = Total

C. La meilleure des hypothèses **X** coût **X** probabilité de 20 %   = Total

---

C. Consolider

• qui ?

    - le chef de projet (aidé du coûteneur de l'affaire)

• comment ?

    - réunions contradictoires, revues

• quoi ?

    - confirmation du risque et criticité

    - choix des actions

    - désignation des responsables des actions

    - décision du niveau de maîtrise (chef de projet, responsable de lot, chef de service)

    - provision pour risques (hors fiches de lot mais en provision au niveau de l'affaire afin d'être redistribuée en cas de confirmation du risque)

• formalisation

    - fiche de risques + fiche de synthèse ou de regroupement (tenue par le coûteneur).

Code WBS	ÉLÉMENT OBJET DU RISQUE	NATURE T (techn) I (indust) A (autre)	NIVEAU C (critique) M (majeur) m (mineur)	PROBA 0 < p < 1	ENJEU (KEUROS)	DESCRIPTION DES CONSÉQUENCES (sur le contrat, pénalités, surcoûts, frais financiers, perte de marché, performance…)	ACTIONS À ENTREPRENDRE OU ENTREPRISES		TEN-DANCE
							DESCRIPTION SUCCINCTE	Date d'évalu-ation	

Figure 5.9 – Fiche d'aide à l'identification des risques

D. Planifier

- qui ?

    - le chef de projet, le responsable de lot, le planificateur

- quoi ?

    - intégrer les jalons de suivi des risques dans le planning de l'affaire

- formalisation

    - fiche de risques

    - planning du lot

E. Piloter

- qui ?

    - le chef de projet, le responsable de lot avec simultanément le chef de service et le coûteneur de l'affaire

- quoi ?

    - lancer les actions à temps

    - animer les revues et les réunions d'avancement

- détecter et mesurer les dérives, mettre en place les plans d'action
- tenir à jour le tableau de bord (figure 5.10)
- décider d'engager les solutions alternatives, *cf.* NOTA 6
- maîtriser la provision pour risques

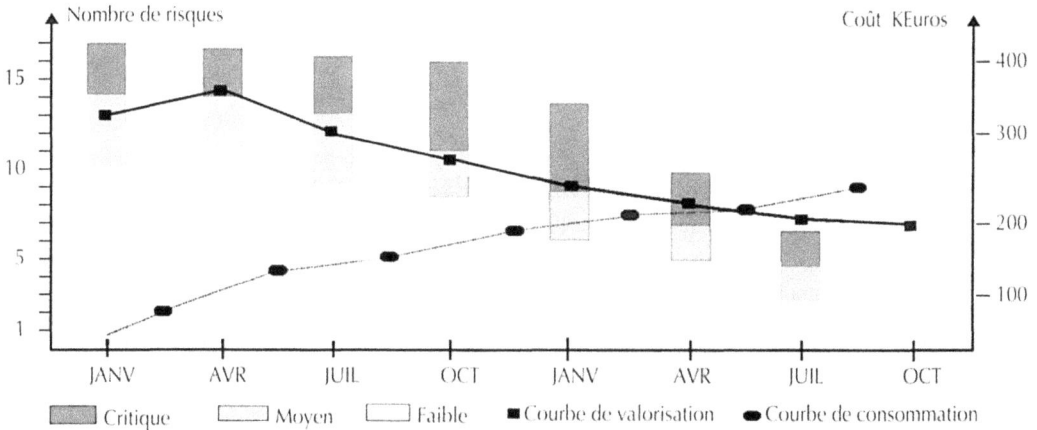

Figure 5.10 – Fiche de synthèse de pilotage des risques

NOTA 5 : Identifier les risques

Identifier et classer les risques, voici quelques exemples :

- **origine** : intempérie, instabilité économique, équipe de conception, sous-traitants défaillants, reconduction de procédé.

- **forme** : climat, température trop basse ou trop haute pour couler le béton, grève, défaut de coordination entre équipes, erreur de conception (fréquent en logiciel), dépose de bilan d'une entreprise.

- **effet** : retard de délai, coûts supplémentaires, refus d'acceptation par la qualité.

- **contrôlable ou pas** : désastre naturel, dépôt de bilan, etc.

NOTA 6 : Réduction des risques

Réaction aux risques, voici quelques exemples :

- **réduction du risque** : mission supplémentaire d'audit pour vérification en cas de doute, vérification du bilan des sous-traitants avant commande.
- **transfert du risque** : transférer le risque de prolongation de délais vers les sous-traitants, garantie de bonne fin par caution bancaire.
- **retenue** : retenue de garantie, caution.
- **prévention** : éviter d'utiliser des technologies non vérifiées ou non confirmées.

5.7 La maîtrise de la configuration contractuelle

La configuration, figure 5.1 indicateur n° 1, est à la fois la mesure et le traçage des écarts entre la configuration contractuelle de référence du *WBS* et ce qu'il sera à terme.

Il ne s'agit pas de la configuration technique. Celle–ci fera l'objet du chapitre 7.

Ces écarts sont dûs à maints facteurs pour lesquels il y a lieu d'enregistrer leur traçabilité :

- modifications internes et externes,
- variation ou prise en compte tardive d'une exigence,
- défaut de conception,
- conception à coût objectif, recherche de variante en cours d'affaire,
- erreurs ou pourquoi pas bonnes idées,
- reprise d'une partie des études, suite à une non-conformité, sanctionnée par la qualité.

L'examen de la figure 5.11 montre qu'une modification, qu'elle soit mineure ou majeure, est non négligeable en coût en fonction de la période de prise en compte.

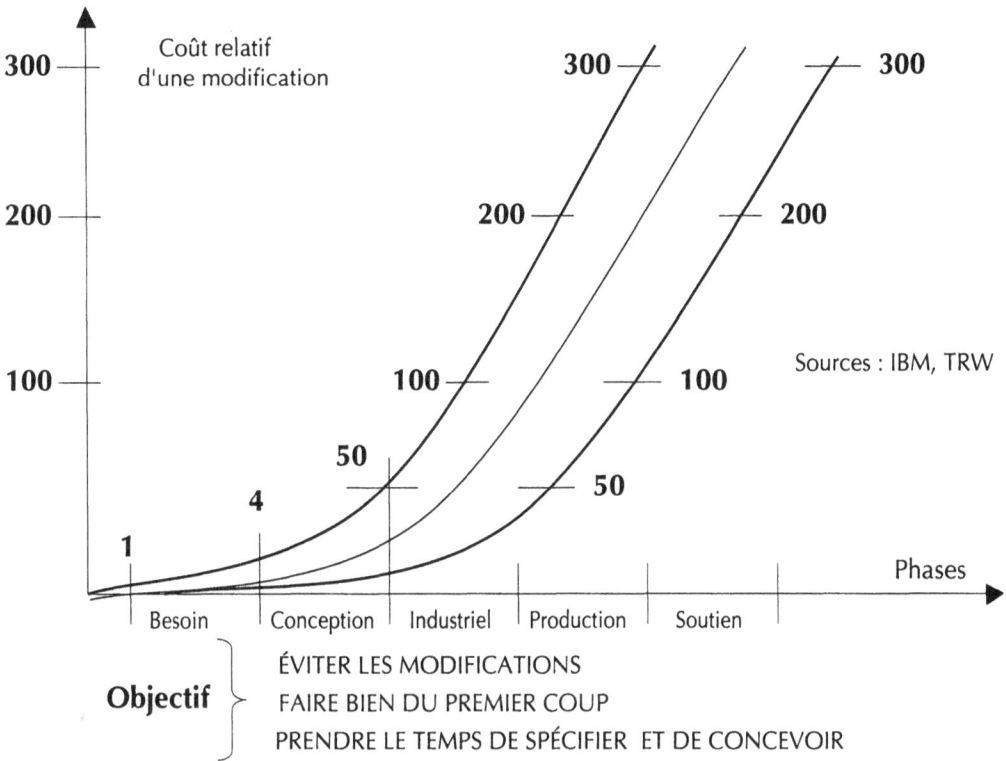

Figure 5.11 – Coût relatif d'une modification

La configuration contractuelle se répartit en deux branches :

- la gestion des modifications qui authentifie les modifications par rapport à la référence et qui agit par voie de conséquence sur la configuration des équipements ou des logiciels.

- la gestion des documents de l'affaire qui, du point de vue de la qualité, énonce et répartit dans la chaîne des documents chaque enregistrement de variation.

On saura tirer profit d'une bonne gestion documentaire lorsqu'il faudra fournir au client à la fin de l'affaire tous les documents tels que réalisés « *as built documents* ».

Ne pas l'avoir bien préparé coûtera cher au projet.

La gestion des modifications

Le principe général à retenir est bien entendu de modifier le moins possible car les modifications ont toujours des effets négatifs directs ou non (retour en arrière, désorganisation, altération des relations avec le client).

Les modifications peuvent être classées en trois niveaux :

- les adaptations. Elles sont généralement sans conséquence pour l'aval (aux études, achats, en usine ou construction),

- les corrections ou modifications mineures. Elles ont des conséquences mais limitées,

- les modifications ayant des conséquences qui s'étendent à l'action de plusieurs intervenants de l'affaire. Cela est considéré comme un bouleversement.

Indépendamment des modifications internes à l'affaire ou venant des départements techniques de l'entreprise, il faut prendre en compte les modifications venant du client ou de ses représentants.

Bien souvent, le client considérera une demande de modification comme implicite et allant de soi d'après l'idée qu'il se fait de l'interprétation du contrat. Cela est fréquent.

Cela étant, le client pourra tout de même demander formellement une modification.

Pour le chef de projet, la contrepartie est de savoir tirer parti d'une modification dont l'origine vient du client. C'est du bon sens commercial.

L'élaboration d'une procédure est indispensable pour traiter les modifications, afin :

- de décourager les demandes peu ou pas justifiées, voir NOTA 7,

- d'informer tous les intervenants des indices de la demande,

- de déterminer l'influence sur les différentes garanties, techniques ou autres,

- d'interdire le début d'exécution de la modification sans mise sous contrôle.

C'est pourquoi le chef de projet doit donner son accord avant tout début d'exécution après étude des conséquences techniques, de délai, de coût et de contrat.

Le déroulement d'une modification ne se fait donc qu'après accord du chef de projet. On n'insistera jamais assez sur ce point.

On utilisera des formes appropriées par type d'émetteur (études, fournisseurs, chantier, logistique). La consolidation technique sera tenue par la qualité et celle relative aux coûts et aux délais par le coûteneur et le planificateur.

NOTA 7 : Détecter les demandes internes de modification

Il est une pratique qui consiste à ne pas décourager l'initiative interne, même si cela peut paraître contradictoire avec ce qui est dit plus haut. Une affaire se fait avec des humains et non avec des machines.

Il s'agit de faire remonter des services techniques travaillant sur l'affaire toutes les idées de modification, par rapport au lot de travaux et de les examiner :

- soit la modification est applicable. Le chef de projet lance l'autorisation de modification,

- soit la modification n'est pas suffisamment élaborée. Alors le chef de projet peut allouer un budget complémentaire à la fiche de lot (pris sur son quota d'aléas) pour une étude de faisabilité avec inclusion des conséquences.

Bien sûr l'idée est de minimiser les coûts. Mais ces modifications internes peuvent parfois intéresser le client.

Tout l'art est laissé au chef de projet et au commercial de l'affaire pour présenter positivement cela au client.

Si on prend le parti que le client accepte ces modifications, lesquelles rappelons-le ne sont pas de son fait, il les paiera à moindre prix.

Voici pourquoi.

Dans un contexte hors projet, le client aurait demandé une étude pour juger d'une amélioration sur son système. Ces études lui auraient coûté, mettons dix fois le coût par rapport à la même modification telle que présentée en cours d'affaire.

Or dans le contexte du projet, la modification prendra en compte non seulement les études mais la réalisation complète !

La conséquence ne peut qu'être favorable au client. Le prix proposé dans le cadre de l'affaire aura une « part fixe » équilibrée en comparaison de la « part variable ». Tandis que dans le cas contraire la « part fixe », entendons les coûts fixes, sera forte par rapport à la « part variable ».

Dans les deux cas on fera jouer la part fixe et la part variable du prix (technique du prix de vente, *cf.* chapitre 2.2.3).

C'est une technique à utiliser intelligemment tant avec le client qu'avec ses partenaires, quand on est en consortium ou en *joint venture*.

La gestion des documents de l'affaire

La gestion des documents de l'affaire, même à l'heure de l'informatique, comporte la création d'un certain nombre de documents.

Il est nécessaire de savoir comment on élabore, identifie, approuve, diffuse, classe et archive ces documents. Tous ces travaux sont pris en compte dans le cadre du plan qualité de l'affaire.

A. Quels documents faut-il gérer ?

La documentation à gérer dans une affaire correspond soit à des exigences fonctionnelles soit à des exigences de réalisation.

L'exigence fonctionnelle débouchera sur des fonctions à satisfaire. Pour chacune d'elles on établira les documents suivants :

- schéma de procédé décrivant le fonctionnement du système avec des bilans de matières, de performances,
- spécifications fonctionnelles,
- diagramme fonctionnel avec spécification de logiciels.

L'exigence de réalisation débouchera sur cinq catégories de documents :

- les spécifications techniques et d'interface,
- les descriptifs techniques ou les spécifications détaillées,
- les listes d'équipements,
- les documents de conception, plans, notes de calcul, dossiers de définition des prototypes,
- les documents pour les appels d'offres ou de marché de sous-traitance.

B. État des documents

Chaque document a une vie propre au cours de laquelle son contenu évolue. Cette évolution doit être suivie et marquée par un statut ou un état.

Ces états sont :

- état « Préliminaire »,
- état « Bon pour Exécution », BPE,
- état « Conforme à l'Exécution », en anglais « *as built* »,
- état « Bon pour Information », BPI.

On notera qu'en fonction des états de chacun de ces documents, un poids relatif d'avancement sera donné afin de prendre en compte leur progression pour le planning (avancement physique).

C. Identification et codification des documents

Chaque document doit comporter un numéro d'identification sans ambiguïté.

Ce numéro doit comporter :

- le code de l'affaire, le type de document (exemples : plan, spécification, nomenclature),

- le code du *WBS* de l'architecture du système (ce qui correspond au code de classe ou de sous-classe du matériel auquel le document s'applique),

- l'état de validité attaché à l'indice de révision,

- parfois on ajoute le code de l'émetteur.

Actuellement l'informatique permet à tout utilisateur du projet de savoir en consultant son écran et en fonction de l'arborescence de l'affaire, ou l'on en est sur chaque document.

Ce travail de gestion de la documentation est généralement fait sous la responsabilité du responsable de la qualité de l'affaire.

On retiendra

Piloter, c'est dégager suffisamment de champ pour prendre les décisions qui s'imposent avant qu'elles ne deviennent irréversibles.

Pour satisfaire à cette condition il y a lieu :

A. d'appliquer la méthode de la réestimation permanente du travail restant à faire. C'est un exercice difficile qui ne supporte pas l'amateurisme.

B. d'utiliser les outils tels le BIPO, les engagements, le BAPO pour les coûts ; le planning de référence, la chaîne des liens ou encore la chaîne critique pour la planification ; d'établir la fiche d'identification des risques pour les risques ; et enfin, d'établir les fiches de lots du travail à faire.

Pour fédérer ces outils, on n'oubliera pas l'utilisation sans réserves des codes, du travail à faire, le *WBS*, de l'organisation, l'*OBS*, des activités à déployer, l'*ABS*, et des ressources, le *RBS*.

C. de faire circuler convenablement l'information grâce à des capteurs, lesquels sont :

- la quantité unitaire et le coût unitaire (figure 5.4),
- les paramètres *PM, PC, EU, LE* (chapitre 5.5),
- les trois cas de discrimination probabilistes des risques élémentaires,
- l'identification des activités *ABS*, distribuées dans chaque fiche de lot.

Mais cette belle architecture n'a de sens que si on satisfait aux trois critères d'exigence de la qualité : décrire la méthode, présenter les variations par rapport à la référence et enfin prouver qu'il y a variation.

Prévoir ainsi, c'est maîtriser. Ne pas le faire revient à tomber dans le piège de la gestion (Wait and see, attendre les échéances et on verra). Dans ce cas, il est inutile de faire du pilotage et du management par projet.

Au même titre que la vie de chacun est unique, chaque projet est aussi unique.

Le but du management de projet avec cette méthode de pilotage pro-active est d'atteindre les objectifs fixés :

- respecter les délais,
- s'affranchir des risques,
- faire bien mais pas plus que demandé par le client,
- et surtout faire le profit attendu.

CHAPITRE 6

Les tableaux de bord

Dans le chapitre précédent nous avons décrit comment saisir l'information grâce aux capteurs.

Le véhicule de cette information sera les procédures, avec en accompagnement les réunions programmées et une bonne communication entre les individus. Ce dernier aspect est essentiel pour le bon esprit et le respect de tous.

Une fois décryptée, analysée, l'information trouvera alors sa place dans les tableaux de bord.

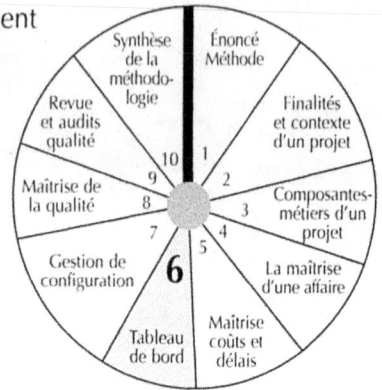

6.1 Les tableaux de bord

Toute affaire doit disposer d'un tableau de bord.

Ce tableau de bord doit être tenu à jour à fréquence régulière et au minimum trimestriellement.

Il est la synthèse des avancements (performance, coûts, délais), de l'évolution des écarts, des tendances et des risques.

Il s'impose comme l'outil d'aide au pilotage du travail restant à faire. Il sert également de support aux rapports à émettre à la hiérarchie et au client.

Il est fait et présenté au chef de projet par le coûteneur ou par le contrôleur de projet (n'en déplaise aux esprits chagrins, le tableau de bord n'est ni de la responsabilité du chef de projet ni de celle du contrôleur de gestion).

La raison est simple et pertinente : le chef de projet ne peut être juge et partie de son affaire.

Jalons	Intitulé	Date	
		Prévue	Réelle
J1	Spécification validée	03/05/00	15/05/00
J2	Dossier de définition validé	10/06/00	30/06/00
J3	Prototype accepté qualité	01/10/00	
Jn	Début de l'intégration usine	01/01/01	
Etc.	Paiement client n° 4	01/01/01	

Figure 6.1 – Tableau de suivi des jalons

Le chef de projet doit maîtriser l'ensemble des actions conduisant à respecter les jalons contractuels donnant droit aux acomptes ou au solde des paiements.

Dans la figure 6.2, le tableau représente la synthèse, par code *WBS* ou lot de travaux, des coûts. Bien que nécessaire, il n'offre pas le confort suffisant pour une compréhension aisée sous cette forme. La courbe en S qui en résulte sera plus facile à lire.

Code WBS	Budget CPP	Engagement CPR			Dépenses enregistrées	Reste à engager	Coût Final Prévisonnel CFP	
		Ingénierie	Fournisseurs	Total			Hors Risques	y.c. Risques

CPP : Coût de Production budgété ou Prévisionnel (c'est ce qui a été vendu)

CPR : Coût de Production Réel ou constaté (cas des commades)
il ne s'agit pas de dépenses ni des factures

CFP : Coût Final Prévisionnel ou estimé à terminaison

Figure 6.2 – Tableau de synthèse des coûts, risques inclus

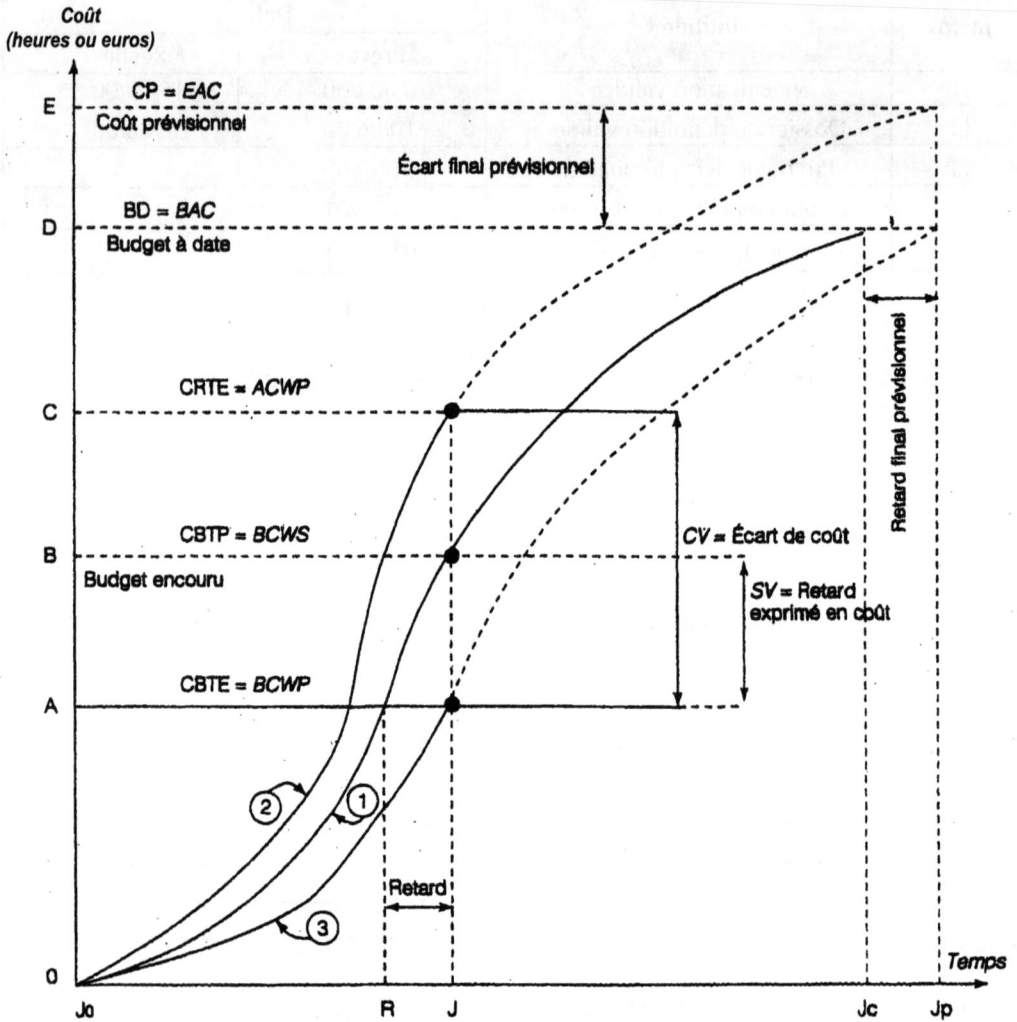

Figure 6.3 – Courbes en S des coûts, indicateurs de performance

① Courbe des coûts initialement prévus (CPP) ou courbe de référence de l'affaire, *cf.* nota ci-dessous

② Courbe des coûts qui ont été engagés à la date J (CPR)

③ Courbe des coûts de l'avancement physique du travail réalisé à la date J

J0 et Jc : dates contractuelles de début et de fin d'affaire

Jp : date prévisionnelle d'achèvement estimée au jour J

A : valeur budgétaire du travail réalisé ou de l'avancement physique (production)

B : budget encouru au jour J ou coût budgété du travail prévu (si tout fonctionnait comme une machine)

C : coût de la consommation du travail effectué en A

D : budget à date

E : coût prévisionnel de l'affaire, réestimée au jour J

NOTA : la courbe ① est la résultante de deux courbes, la consommation et la production, sachant que dans ce cas la productivité est constante. Ce qui dans la réalité est différent.

Le tableau de la figure 6.4 est la compilation des risques ou aléas tangibles issus des fiches de lot mais également des risques au niveau de l'affaire. Une illustration sous forme de graphe serait certes intéressante mais il nous a semblé plus pertinent de la montrer sous cette forme.

Code WBS	ÉLÉMENT OBJET DU RISQUE	NATURE T(techn) I(indus) A(autre)	NIVEAU C(critique) M(majeur) m(mineur)	PROBA 0<p<1	ENJEU (kEuros)	DESCRIPTION DES CONSÉQUENCES (sur le contrat, pénalité, surcoûts, frais financiers, perte de marché, performance...)	ACTIONS À ENTREPRENDRE OU ENTREPRISES		TENDANCE
							DESCRIPTION SUCCINCTE	Date d'évaluation	

Figure 6.4 – Tableau de synthèse des risques

6.2 Les réunions

Il en faut mais à bon escient.

Nous suggérons trois types de réunions internes (à l'exception de celles tenues avec le client).

1. les réunions hebdomadaires (durée maximum d'une heure)

• objet :

- état d'avancement des études et prototypes,

- être attentif aux modifications demandées et écouter l'exposé des problèmes (ne pas tenter de les résoudre en séance mais nommer un responsable).

• participants :

- le chef de projet, les responsables de lot, le contrôle de projet, la qualité.

2. Les réunions mensuelles (durée maximum de deux heures)

• objet :

- état des relations client/fournisseurs, point d'avancement, contrôle du processus de pilotage (planning, coût, risques, dépenses par destination, problèmes majeurs).

• participants :

- le chef de projet, les responsables de lot, le contrôle de projet, la qualité, le contrôle de gestion.

3. Les réunions trimestrielles (durée maximum d'une heure)

• objet :

- état des réestimations du travail restant à faire, des risques restant à encourir, avancement de la consommation et de la production, état des modifications internes et celles demandées par le client, état des actions décidées et examen de celles à entreprendre.

• participants :

- le chef de projet, le contrôleur de projet, la direction des projets et le contrôle de gestion de l'entreprise si nécessaire.

Toutes ces réunions doivent en vertu du respect de la charte de qualité faire l'objet d'un compte rendu.

Il est tenu à jour, soit par la qualité, soit par le planificateur, pour veiller à son exécution.

6.3 Les fiches de lot de travaux, *work packages*

ENIOVA^{Sté}   **FICHE DE LOT DE TRAVAUX (volet 1)**   Indice :

AFFAIRE	N° d'Affaire :	CLIENT :
		N° Client :

Désignation du Lot :	Responsable de l'Affaire :
Lot de travaux/ *WBS* N° :	Responsable de lot :
Désignation du travail :	

Avenant / Évolution N° :	Date :	N° de pointage du Lot (consommation) :

DÉSIGNATION SUCCINCTE DE LA FOURNITURE :

OBJET DE L'AVENANT OU ÉVOLUTION :

T0 du lot :	T fin du lot :	(jour-mois-année)

Documents de référence ou d'entrée (À renseigner obligatoirement)

Budget N° :	du :	
Spécification technique N° :	du :	Énoncé des travaux N° : (SOW, CCTP...)
Autres :	du :	
Acceptation directe du client Oui ☐ Non ☐		Pénalités Oui ☐ Non ☐

Montant en KEUR	Cumul précédent y compris avenants ou évolutions	Montant avenant ou évolution	Cumul y compris dernier avenant ou évolution
	dont Maîtrise d'œuvre	dont M.O.	dont M.O.
BIPO (CPP alloué)			
Avenants			

SYNTHÈSE DES RISQUES/OPPORTUNITÉS RETENUE

DESCRIPTION	Date Extinction Prévisionnelle	Impact Coût	Impact Délai	Impact Performance OUI	NON
				☐	☐
				☐	☐
				☐	☐
				☐	☐

DATE/NOM/VISA

Responsable de Lot	Coûteneur du projet	Contrôleur de gestion	Chef de Projet

ENIOVA^{Sté}   **FICHE DE LOT DE TRAVAUX (volet 2)**   Indice :

Désignation affaire :					N° d'Affaire :	
Lot de travaux/EAA N° :	Désignation :					
Responsable de lot :	Élément *OBS* :			T0 :		T fin :

ÉVÉNEMENTS D'ENTRÉE (données, fournitures,...)	Critique	Critère acceptation	DATE	LOT DE TRAVAUX	
				Référence	Responsable
....	☐	....			
....	☐	....			
....	☐	....			
....	☐	....			

ÉVÉNEMENTS DE SORTIE (données, fournitures,...)	Critique	Critère acceptation	DATE	LOT DE TRAVAUX	
				Référence	Responsable
....	☐	....			
....	☐	....			
....	☐	....			
....	☐	....			

Code *ABS*	DESCRIPTION DES ACTIVITÉS (*ABS*)

HYPOTHÈSES RETENUES

ACTIVITÉS EXCLUES

FICHE DE LOT DE TRAVAUX (volet 3)

ENIOVA Sté

Indice :

AFFAIRE	N° :		Désignation :		
Lot de travaux / **WBS** N°		Responsable de lot :		Élément **OBS**	Désignation du lot :
Date :	Métier :				

Nom et visa du métier :

PLANIFICATION / COÛTS

ABS	ACTIVITÉS / Description / Événement	Date début	Date fin	Durée (j)	Méthode Avanc¹	Jalon Code	Jalon %	Jalon date	UO 1 ligne par Unité d'Œuvre	Heures	Appros (KEUR)	Quantité	Date début	Date fin	Répartition

TOTAL :

RISQUES IDENTIFIÉS

	Durée	Date extinction	UO	Heures	Appros (KEUR)

TOTAL ESTIMATION DES RISQUES :

6.4 Le tableau de bord simplifié du chef de projet

ENIOVA Sté

SITUATION AU :

PRIX DE VENTE :

Chef de projet :   date début :

Affaire n°

Acompte   demandé =   reçu =

à terminaison   Perte =   gain =

Date de fin :   Contractuelle   prévisionnelle

Désignation	CPP BIPO rev 0		CPR *to Date* (engagement)				Commitments to date	PFS *to completion*		CPE *at completion*		Écart relatif	Écart absolu
LOT AABC	Heures	Taux €/h	Euros	pris sur stock	Engagt Cde	Taux €/h	Heures	Dépensé	Heures	Euros	Heures	Euros	CPE - CPEn-1	CPE - CPP
1 MP/Appro														
2														
3 CDP	60													
4 Ing.1	40													
5 Tech	35													
6 B.E	35													
7 Fab	32													
8														
9 S/traitance externe														
10 Frais														
11														
12														
13 Risques														
14 Pénalités														
15 Garantie														
16														
TOTAL =														

Commentaires :

6.5 Bases des données pour la coûtenance

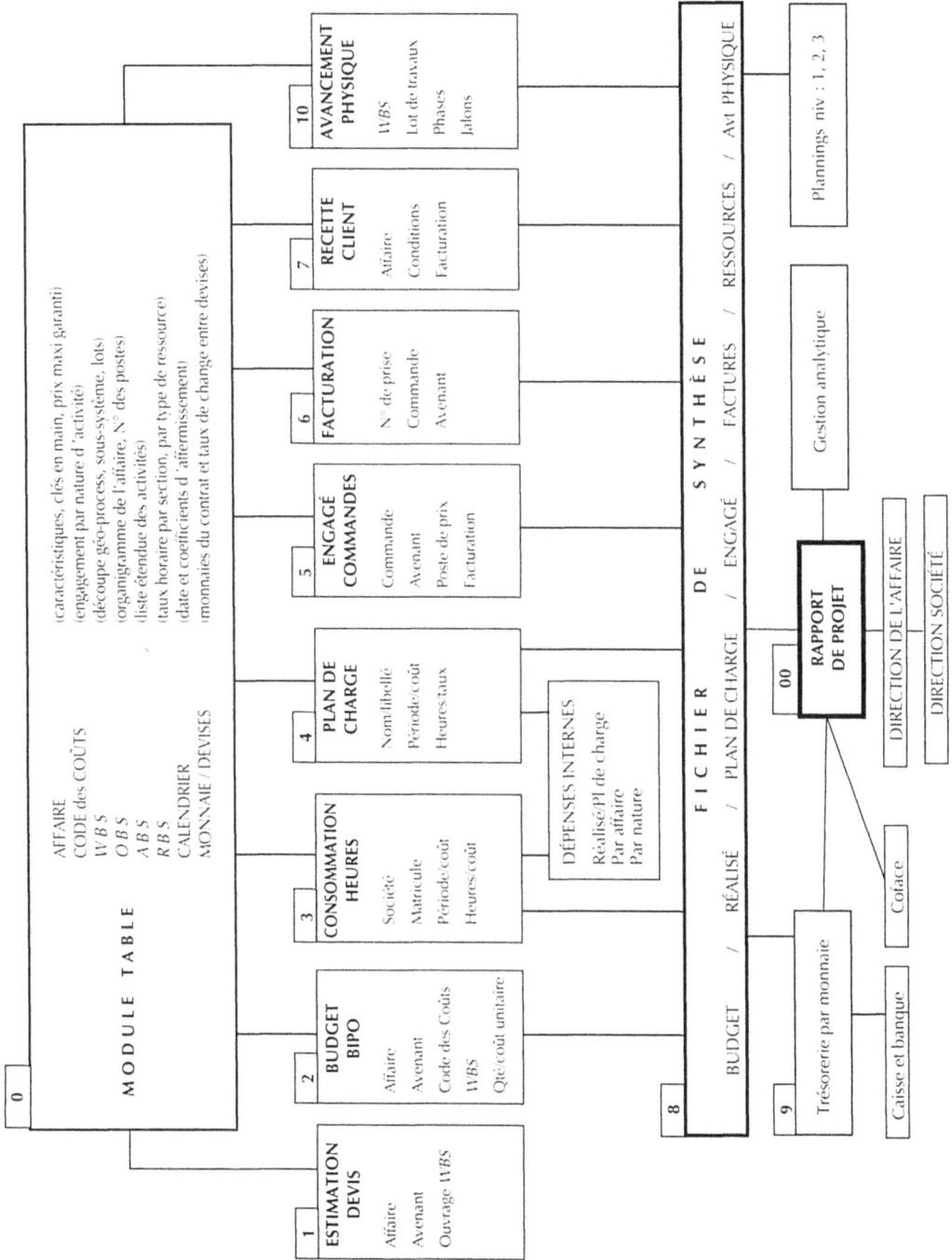

MODULE TABLE (0)

- AFFAIRE (caractéristiques, clés en main, prix maxi garanti)
- CODE des COÛTS (engagement par nature d'activité)
- WBS (découpe géo-process, sous-système, lots)
- OBS (organigramme de l'affaire, N° des postes)
- ABS (liste étendue des activités)
- RBS (taux horaire par section, par type de ressource)
- CALENDRIER (date et coefficients d'affermissement)
- MONNAIE / DEVISES (monnaies du contrat et taux de change entre devises)

1 ESTIMATION DEVIS : Affaire, Avenant, Ouvrage WBS

2 BUDGET BIPO : Affaire, Avenant, Code des Coûts, WBS, Qté/coût unitaire

3 CONSOMMATION HEURES : Société, Matricule, Période/coût, Heures/coût

4 PLAN DE CHARGE : Nom libellé, Période/coût, Heures/taux

5 ENGAGÉ COMMANDES : Commande, Avenant, Poste de prix, Facturation

6 FACTURATION : N° de prise, Commande, Avenant

7 RECETTE CLIENT : Affaire, Conditions, Facturation

10 AVANCEMENT PHYSIQUE : WBS, Lot de travaux, Phases, Jalons

DÉPENSES INTERNES : Réalisé/Pl de charge, Par affaire, Par nature

FICHIER DE SYNTHÈSE

8 — BUDGET / RÉALISÉ / PLAN DE CHARGE / ENGAGÉ / FACTURES / RESSOURCES / Avt PHYSIQUE

00 RAPPORT DE PROJET

- Gestion analytique
- Plannings niv : 1, 2, 3
- DIRECTION DE L'AFFAIRE
- DIRECTION SOCIÉTÉ

9 — Trésorerie par monnaie, Coface, Caisse et banque

ON RETIENDRA

Les tableaux de bord sont faits pour afficher et suivre en continu un type d'information par rapport à une référence.

Ils doivent être peu nombreux et choisis.

Les tableaux servent de supports illustrés aux rapports mensuels, trimestriels, ces derniers n'apportant que l'élément de discernement au contenu de l'information ou de la narration.

Pour ceux qui auraient l'esprit tourné vers l'informatique et de synthèse, nous mettons dans la figure 6.5 les modules nécessaires pour satisfaire la coûtenance et le pilotage d'affaire.

CHAPITRE 7

La gestion de configuration

Ce chapitre pourra apparaître ennuyeux à un chef de projet rompu à manager les hommes ou à surveiller sa marge. La gestion de configuration est une activité d'interface dont le but est de fidéliser les évolutions par rapport à l'initial.

La gestion de configuration, c'est un peu comme un ami fidèle ; on y recourt quand on en a besoin.

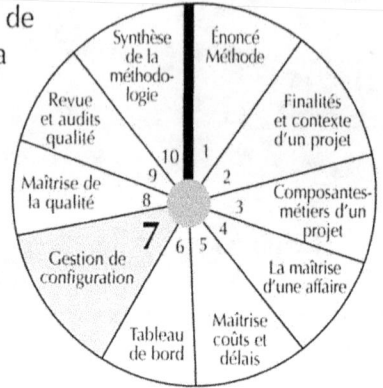

7.1 Les identifiants de la configuration

La configuration est l'ensemble des caractéristiques fonctionnelles et physiques d'un système (ou équipement), qu'il s'agisse d'un système opérationnel ou de soutien.

Elle est identifiée dans une documentation puis obtenue sur le produit.

La gestion de la configuration

La gestion de la configuration au cours des différentes phases du cycle de vie, depuis la conception jusqu'au retrait de service, permet de connaître et de suivre pas à pas l'élaboration et surtout le contenu des informations techniques et leur évolution sur un système.

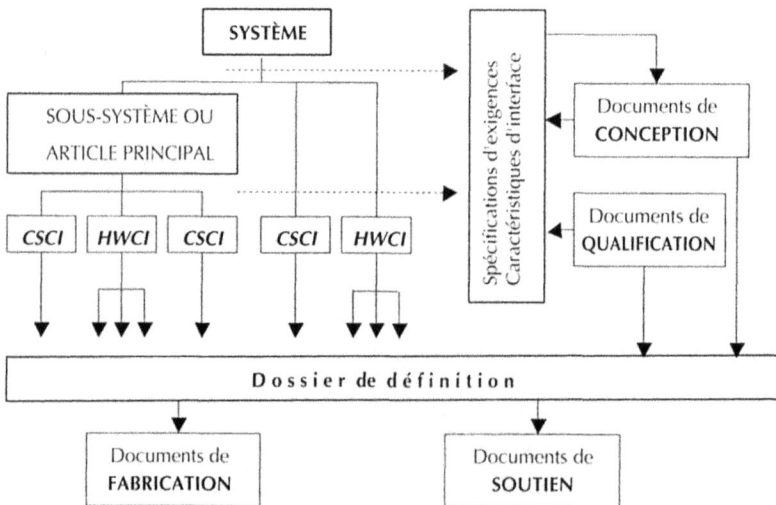

CSCI : *Computer Software Configuration Item*, article de configuration logiciel
HWCI : *HardWare Configuration item*, article de configuration matériel

Figure 7.1 – Les identifiants de la configuration

Responsabilité

Un responsable de la gestion de configuration est nommé pour chaque affaire. Il dépend normalement du service qualité.

Les principaux concepts

La gestion de configuration repose sur les référentiels composés des documents nécessaires pour fournir une documentation technique complète.

Les spécifications d'exigence et les caractéristiques d'interface étant approuvées, on citera trois types de référentiel :

- le référentiel fonctionnel, *FBL* [1], pour un système ou article principal,

- le référentiel de développement, *ABL* [2], pour les autres articles,

- le référentiel de production, *PBL* [3], c'est-à-dire le dossier de définition, *DD*, avec :

    - pour le matériel : les spécifications de production, de procédé et de matériaux, dessins,

    - pour les logiciels : les spécifications de produit logiciel,

    - pour les sous-systèmes : les dossiers de définition des articles, la nomenclature ainsi que les documents nécessaires à l'intégration et à l'acceptation.

7.2 La maîtrise et le suivi de la configuration

La maîtrise de la configuration repose sur la maîtrise des faits techniques (événements prévus ou non) intervenant tout au long du cycle de vie du produit concerné. Pour cela sont établies des procédures :

- d'évolution nécessitant d'entretenir la documentation de la configuration,

- de déviation (*a priori*) et de dérogation (*a posteriori*) fournissant des renseignements sur les écarts exceptionnels par rapport à la documentation.

Il est nécessaire de tenir à jour des états des versions successives des systèmes ou équipements et des documents correspondants pendant toute la durée de vie, de manière à

---

1. *FBL : Functional Base Line.*
2. *ABL : Allocated Base Line.*
3. *PBL : Product Base Line.*

connaître à tout instant les choix retenus pour la conception et la fabrication, puis l'état du parc livré.

N° Constat d'Ano- malie	Date d'Appa- rition	Désignation de la Non - Conformité	Configu- ration	Qui le prend en charge	Statuts	Mise à jour 15/10/95
121	96/06	panne synchro moteur	atelier	spécialiste		
94	96/05	panne de la carte mémoire	proto	essayeur		
44	96/02	défaut alignement axe platine	montage	atelier	en cours	
131	96/10	raccordement des plans masse cartes	conception	études		
18	96/01	câblage inversé du rotor	validation	essayeur	en cours	
70	96/03	portée détecteur infrarouge insuffisante	proto	essayeur	en cours	
Etc ...						

Figure 7.2 – Fiche d'enregistrement de constat d'anomalie ou de non-qualité

Le système mis en place permet de connaître l'état des documents, l'état des différentes évolutions, la configuration applicable à chaque produit et la configuration appliquée sur chaque produit (Nota 1).

NOTA 1 : les évolutions

Dès qu'une évolution modifie un référentiel (rappelons que ce dernier a déjà reçu l'accord du client au titre de la revue de conception du système), une procédure officielle d'approbation du client est suivie (ajustée toutefois suivant la visibilité requise par le client).

L'application d'une évolution n'est décidée que lorsque toutes les conséquences ont été évaluées (il y a ici un important travail du coûteneur en termes de prévisions), et que le client en accepte les conséquences.

Voici un exemple :

Il s'agissait d'un contrat pour un système d'écoutes électromagnétiques embarqué dont la durée avoisinait 5 ans. En 1994, date de début des études, les processeurs étaient des « 386 ». Le produit livré 5 années plus tard contenait des « Pentium III ». Le processus de qualité a joué à plein avec accord du client en ce qui concerne :

- les avenants financiers,

- les obsolescences et les évolutions techniques,

- le suivi de la configuration au moment des validations (lesquelles étaient subordonnées à des clefs de paiement).

7.3 Le contrôle de la conformité de la configuration (audit de configuration)

Les audits de configuration établissent la conformité du système, des sous-systèmes et des articles de configuration à leur référentiel.

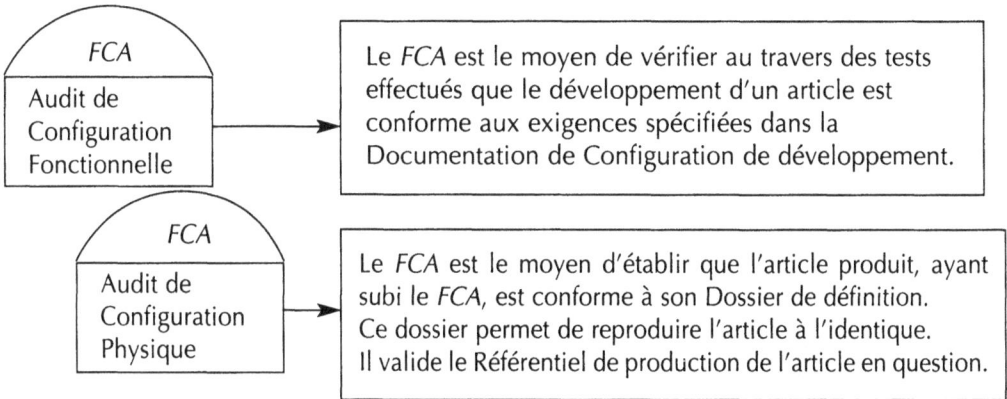

Figure 7.3 – Le contrôle de la conformité de la configuration

Ils sont réalisés en séquence au fur et à mesure de l'intégration. Les décisions de qualification du produit et de son dossier résultent de ces audits.

À chaque niveau de l'arborescence, *cf.* figure 3.3, c'est-à-dire le haut du cycle en V, nous aurons à vérifier grâce à l'audit si les résultats *FCA* et *PCA* sont conformes aux hypothèses.

7.4 Le plan de gestion de configuration

Le plan de gestion de configuration, *CMP* [4], décrit les méthodes, les procédures et les responsabilités pour assurer la gestion de configuration d'une affaire.

Cette documentation prend en compte le matériel sans oublier les outillages et les logiciels.

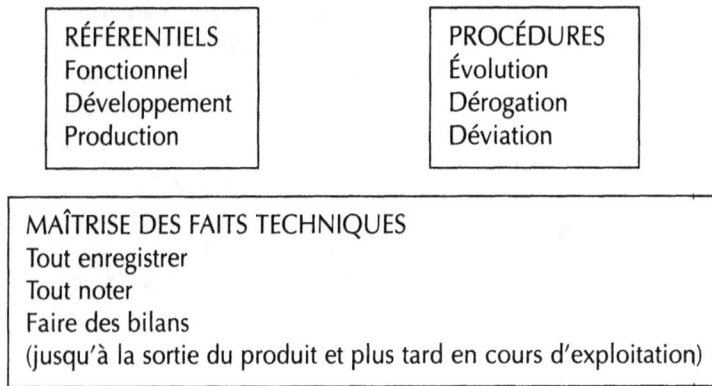

RÉFÉRENTIELS Fonctionnel Développement Production	PROCÉDURES Évolution Dérogation Déviation

MAÎTRISE DES FAITS TECHNIQUES
Tout enregistrer
Tout noter
Faire des bilans
(jusqu'à la sortie du produit et plus tard en cours d'exploitation)

Figure 7.4 – Le plan de gestion de la configuration

---

4. *CMP : Configuration Management Plan,* Plan de gestion de configuration.

ON RETIENDRA

La gestion de configuration est l'activité qui consiste à collecter les dysfonctionnements constatés au cours des phases du cycle en **V**.

C'est une activité d'interface dont le but est :

- la gestion des évolutions pour chaque identifiant de la configuration (constat),
- l'application dans la documentation de chaque évolution (écrire ce que l'on fait),
- l'application réelle de chaque évolution sur le produit fabriqué ou livré (la preuve).

Il y a deux types de gestion de configuration :

- la gestion de configuration, système et des sous-systèmes, fondée sur les fonctions et l'emploi,
- la gestion de configuration matériel, fondée sur les obsolescences, les évolutions, les innovations des composants ou les constituants élémentaires.

En un mot, la gestion de configuration est l'équivalent de la tenue à jour de notre « carnet de santé » du produit livré.

CHAPITRE 8

La maîtrise de la qualité

8.1 La responsabilité de la qualité

La politique qualité est définie par le responsable qualité de l'entreprise pour l'ensemble de celle-ci.

Cette politique est définie dans un document appelé le manuel qualité de l'entreprise.

Le manuel qualité décrit le système qualité en précisant les dispositions générales préétablies et systématiques, mises en place afin d'exercer la maîtrise de la qualité des processus et des produits tant au stade des projets que des affaires en réalisation.

Plus directement, au sein de chaque affaire, l'obtention de la qualité et sa justification nécessitent :

- la maîtrise de la qualité. Celle-ci est placée sous la responsabilité du chef de projet avec la participation active de l'équipe. Cette maîtrise de la qualité consiste à exploiter toutes les ressources du système qualité afin de satisfaire les exigences du client et bien entendu celles de l'entreprise.

- l'assurance qualité. Elle regroupe les activités permettant de garantir que les dispositions retenues pour une affaire (plan qualité) sont mises en œuvre efficacement.

L'assurance qualité s'exerce tout au long du cycle de vie et ce, dès la phase de négociation et de préparation du contrat.

Le responsable de l'assurance qualité est opérationnel dans l'équipe qui gère l'affaire.

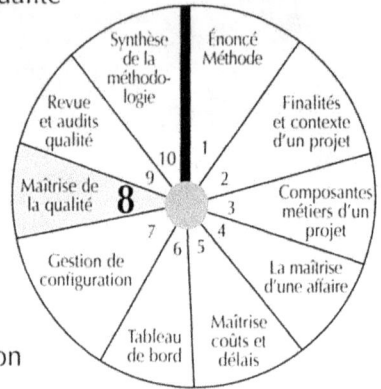

8.2 Les activités de maîtrise et d'assurance de la qualité

Durant toute la durée d'une affaire, les activités de maîtrise ainsi que d'assurance de la qualité se déclinent à partir des missions principales suivantes :

A. Garantir la conformité du produit et des processus aux exigences

Maîtrise de la qualité :

- garantir la conformité de la fourniture aux exigences du contrat,
- s'assurer du traitement des non-conformités, *cf.* chapitre précédent.

Assurance qualité :

- authentifier la qualification des produits et des définitions,
- authentifier l'acceptation des produits et des prestations avant la livraison.

B. Assurer que toutes les méthodes et moyens contribuent à l'obtention de la conformité

Maîtrise de la qualité :

- garantir le déroulement de l'affaire en fonction des exigences contractuelles et de l'entreprise,
- coordonner et vérifier la cohérence de l'ajustement des différentes activités,
- faire appliquer le plan qualité.

Assurance qualité :

- ajuster les activités d'assurance qualité,
- établir le plan qualité (contrats externes, études et réalisations internes),
- évaluer le report des exigences vis-à-vis des sous-traitants, approuver leur plan qualité,
- évaluer la cohérence des exigences dans les contrats de cotraitance,
- évaluer et garantir les documents et informations par rapport aux exigences de la liste des éléments exigés par le contrat, *cf.* NOTA 1,
- authentifier la qualification ou la validation de tous les processus (commercial, organisation, conception, logistique, production, tests et essais,…), *cf.* NOTA 2,
- valider les procédures de contrôle, de mesure et d'essais,
- authentifier la qualification des articles achetés et celle des fournisseurs,
- garantir la bonne adaptation et la cohérence de la documentation de référence,
- conduire les audits qualité,
- entretenir les relations avec les représentants assurance qualité des clients et des fournisseurs.

C. Susciter et promouvoir les méthodes et les activités favorisant le professionnalisme et la compétitivité

Maîtrise de la qualité :

- inciter et participer activement à l'amélioration de tous les processus,
- effectuer l'analyse des risques (en collaboration avec la coûtenance),

- analyser les faits techniques (*cf.* le chapitre précédent),
- élaborer et suivre les actions correctives.

Assurance qualité :

- mesurer les progrès, faire les bilans qualité (figure 8.1),
- organiser les formations qualité des personnels.

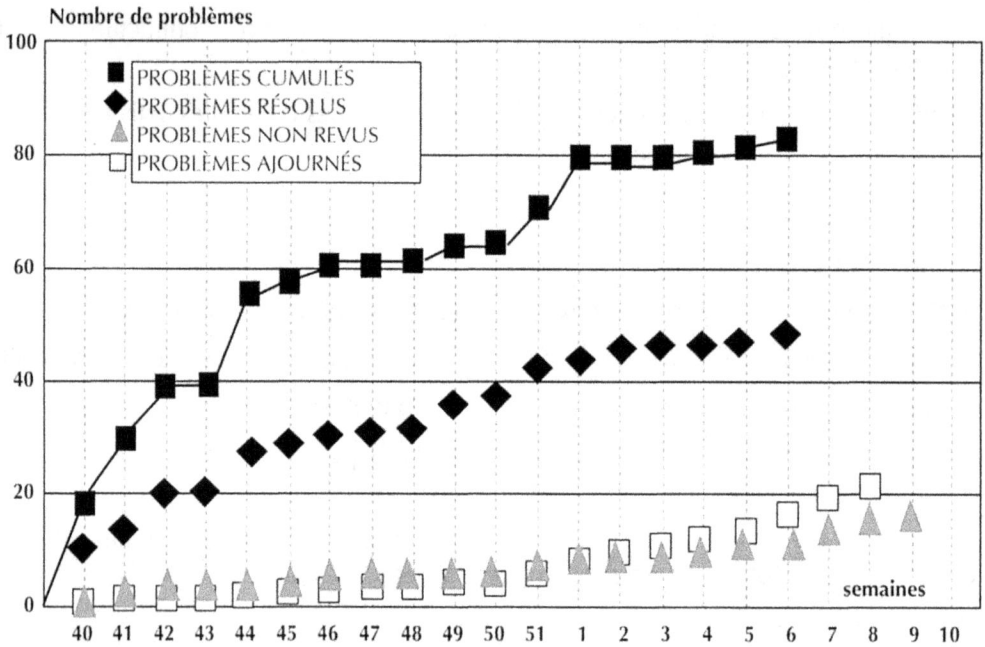

Figure 8.1 – Enregistrement de la qualité

D. Définir et mettre en place les moyens nécessaires à l'atteinte des objectifs de la politique qualité

Maîtrise de la qualité :

- analyser l'organisation et les moyens à mettre en œuvre par les compétences concernées.

Assurance qualité :

- faire des propositions d'orientation à la direction de l'entreprise permettant de garantir aux clients la conformité aux exigences et à la direction le bon fonctionnement du système qualité.

8.3 Le plan qualité

Le chapitre qualité du plan de management doit être rédigé dès la phase de réponse à un appel d'offres, c'est-à-dire dans le document de la proposition. Il décrit :

- les exigences qualité contractuelles et / ou internes en les clarifiant si besoin est,

- les responsabilités propres à l'assurance qualité.

Plus tard, quand le contrat sera en phase de réalisation, on affinera les détails du plan qualité par des mesures spécifiques à prendre pour l'ensemble des responsables d'activité sur une affaire, pour construire et assurer la qualité des prestations et fournitures produites.

NOTA 1 : l'assurance de la qualité

Dans la série, « les documents ça coûte cher», ça ne sert à rien ni à personne sauf peut-être à l'assurance qualité !

Examinons les remarques ci-dessous.

A. À quoi servent les documents ?

1. Les opérationnels, à maîtriser les développements en se posant les bonnes questions aux bons moments,

2. Matérialiser les référentiels en les ajustant à l'affaire en pérennisant les informations,

3. Garantir la communication au sein de l'affaire en définissant bien qui fait quoi (confiance au sein de l'équipe),

4. Donner une visibilité sur la maîtrise de nos processus (confiance du client).

— En un mot : viser le juste nécessaire —

B. Ce que cache l'absence de document

1. La non-maîtrise du processus, du produit, des risques,

2. La tradition orale, attention aux pertes de savoir-faire (*know-how*),

3. L'absence de référence.

— En un mot : même si un document ne sert pas tout de suite au concepteur,

penser qu'il peut servir à d'autres plus tard —

C. Comment mesurer la qualité des documents ?

Sur le fond (le contenu)

1. Axe métier (revues par les pairs, c'est-à-dire rôle des hiérarchiques ou du coordonnateur)

- aider à rédiger [1] (c'est souvent une lacune à combler pour un technicien),
- valider le contenu,
- formation + accroissement des compétences.

2. Axe affaire (revues de développement)

- participation des différents acteurs,
- inspection des documents à présenter en revue.

Sur la forme (le contenant)

1. Facilités d'utilisation

- structuration et hiérarchisation des informations,
- utilisation par ceux qui en ont besoin.

— en un mot : bien rédiger pour être lu et compris —

D. Les documents pour chaque type d'activité dans les différentes phases

1. Ingénierie et développement

- document d'analyse fonctionnelle,
- spécifications (référentiels fonctionnels et de développement),
- document de conception (notes de calcul, plans),
- dossier de définition (référentiel de production ou dossier d'appel d'offres).

2. Intégration/validation

- procédure et compte rendu d'essai,
- liste des moyens d'essai et des documents associés,
- étalonnage des appareils de mesure.

3. Production

- préparation et ordonnancement
  - dossier de définition stabilisé,

---

1. On recommandera : *La méthode "eSPRIt"* de Louis Timbal-Duclaux, préface de Jean Fourastié, membre de l'institut de France, éditeur RETZ.

- dossier de fabrication et de contrôle,

- documents relatifs à la gestion de la qualité,

- planning de niveau III et IV.

- lancement

    - quantités ou lot (dossier de définition référence),

    - planning de niveau IV validé (ce niveau est équivalent aux gammes de fabrication)

- suivi

    - constat et avancement

- livraison

    - certificat de conformité (dossier d'acceptation).

4. Qualification

- dossier de qualification (comprenant dossier justificatif de définition, compte rendu *FCA/PCA*).

5. Gestion de configuration

- identification

    - arborescence fonctionnelle et physique,

    - liste des composants et de la documentation associée (spécification)

- maîtrise et suivi

    - gel/état,

    - configuration applicable,

    - formulaires évolution/constat d'anomalie,

    - procédures établies lors des commissions.

- contrôle

    - compte rendu *FCA/PCA*.

6. Assurance qualité

- traçabilité des exigences contractuelles à insérer dans le plan assurance qualité

- compte rendu de fin de chacune des phases (*cf.* activités = *ABS*),

- compte rendu d'inspection (documentation),

- audit qualité, audit de configuration (statuant sur les écarts),

- spécifications d'exigences qualité vis-à-vis des sous-traitants et coopérants,

- prononcé de qualification,
- certificat de conformité/dérogation/réserves.

— en un mot : garantir l'application du plan qualité par l'assurance qualité —

NOTA 2 : Le processus d'acceptation

Le processus d'acceptation sert à démontrer au client ou à son représentant la conformité de l'équipement à ses exigences contractuelles.

Ne pas confondre : acceptation et qualification.

- Acceptation : opération récurrente (prototype puis série).
- Qualification : opération générique qui clôt la phase de développement.

Le bon déroulement de ce processus conditionne le paiement et le transfert de propriété vers le client, cela contribue à garder sa confiance.

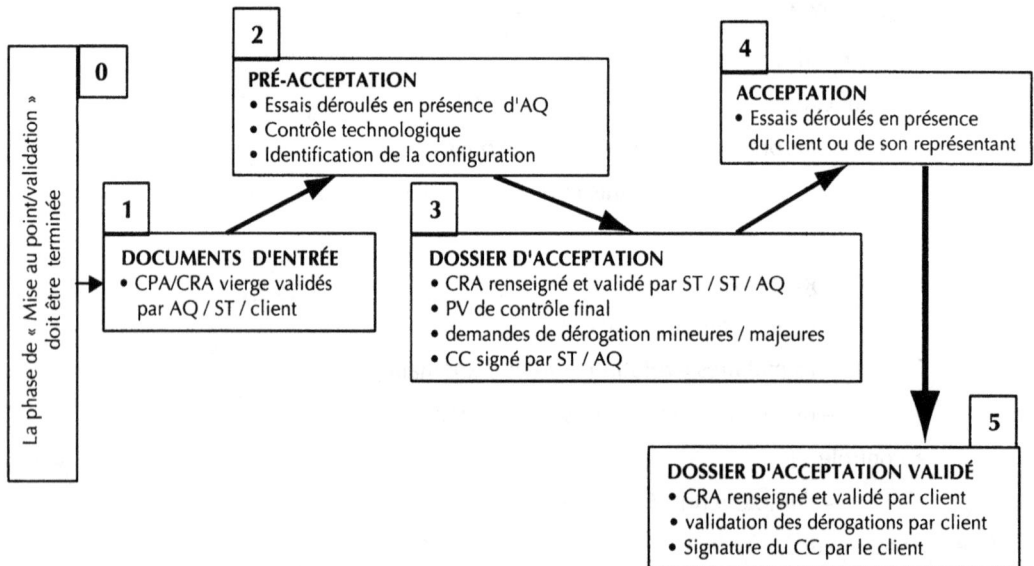

AQ : Assurance Qualité   CPA : Cahier de Prescription d'Acceptation

CC : Certificat de Conformité   CRA : Cahier des Recettes d'Acceptation

ST : Service Technique   PV : Procès-Verbal d'Acceptation

Figure 8.2 – Le processus d'acceptation

On retiendra

Ce chapitre est volontairement réduit. Il se veut synthétique et uniquement tourné vers notre sujet, le management d'une affaire.

Les activités de maîtrise et d'assurance qualité se déroulent en continu depuis la phase de proposition d'une offre jusqu'à l'acceptation finale du produit.

Issu du manuel qualité de l'entreprise, le plan qualité décrit les activités pour maîtriser la qualité durant tout le déroulement de l'affaire.

Ces activités sont les méthodes, les procédures, les responsabilités qualité à mettre en œuvre et les documents à élaborer pour respecter les exigences du client.

L'assurance qualité est l'adaptation du système qualité aux spécificités de l'affaire. Elle donne le niveau de visibilité adéquat en bornant le champ d'action qualité du client, en faisant un compromis visibilité et participation.

PARTIE 4

COMMENT CONTRÔLER LA CONFORMITÉ DES RÉSULTATS AUX OBJECTIFS ?

CHAPITRE 9

Les revues et
les audits qualité

Les revues permettent, grâce à l'évaluation du déroulement d'une affaire, de rassembler les éléments nécessaires à la prise de décision concernant la poursuite de celle-ci.

Des personnes étrangères à l'affaire (experts...) peuvent être appelées.

Les revues officielles se préparent en interne. Il faut garder en mémoire qu'une revue est génératrice de coûts et délais (coûtenance et planification) par les ressources qu'elle engage.

Les audits permettent d'évaluer les dispositions préétablies pour atteindre les objectifs de détection des écarts entre la situation réelle et ces dispositions. Les audits n'ont pour but que d'établir la conformité des résultats aux objectifs.

Ils doivent rester exceptionnels.

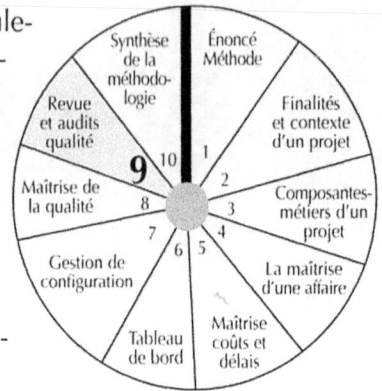

9.1 Les revues

Objectifs des revues

Les objectifs des revues sont de :

• vérifier que les exigences contractuelles sont tenues,

• procéder aux actions correctives,

• passer à l'étape suivante,

• et franchir le jalon.

La revue de contrat

Exigence de la norme ISO 9001, la revue de contrat s'impose à toute affaire dans l'entreprise (celle du maître d'œuvre) par la mise en place d'un processus permettant d'examiner l'impact des engagements pris par l'entreprise. Ce processus inclut plusieurs réunions et s'articule autour de trois jalons.

Ces dispositions pourront être taxées de tatillonnes mais en cas de contentieux, c'est la garantie d'un dossier clair.

166

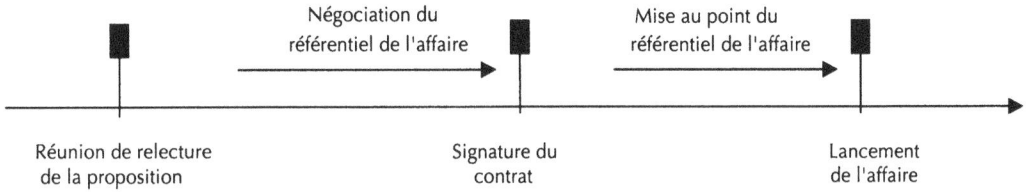

Figure 9.1 – Les jalons de la revue de contrat

A. Lors de la proposition, la faisabilité de l'offre se vérifie en particulier lors de la réunion de relecture de la proposition (*red team*) au cours de laquelle on traite : la validation des hypothèses initiales, les engagements techniques et financiers du projet et des fournisseurs internes et externes, l'acceptation des risques identifiés, l'examen des projets de référentiels contractuels de l'affaire.

Tout cet ensemble est le point d'ancrage de la revue de contrat.

B. Lors des négociations contractuelles, l'équipe projet se préoccupe de garder la traçabilité des écarts entre les éléments proposés et les éléments négociés et d'en identifier les incidences. Elle s'assure que le projet de référentiel contractuel de l'affaire reste cohérent, complet et exécutable.

C. Une fois le contrat signé, il reste à parachever la stratégie interne de l'affaire et à mettre au point le référentiel interne de l'affaire. Cette démarche initialise la gestion des risques pris à la signature du contrat. Le lancement de l'affaire est alors l'occasion de formaliser l'aboutissement de ce processus de revue de contrat.

La définition des interfaces avec le client complète ce processus. Les conclusions de la revue de contrat peuvent dans certains cas conduire à examiner des aménagements nécessaires à la bonne fin de contrat (avenants éventuels ultérieurs).

Le lancement de l'affaire

L'établissement du référentiel interne de l'affaire permet au chef de projet d'obtenir de sa hiérarchie l'autorisation d'engager son budget, B0, au vu de la présentation du tableau de bord initial.

La réunion de lancement d'affaire a pour but d'exposer le contenu de son référentiel contractuel et de faire adhérer ses acteurs à la contribution qui leur est demandée par le chef de projet : valider le *WBS*, l'*OBS* initial, identifier les risques, ajuster l'effort de management au besoin de l'affaire, plans d'affaire, *reporting*.

Cette réunion (quelquefois appelée *kick off meeting*) explique la mise au point du référentiel interne de l'affaire.

Les revues (SRR, SDR, PDR, CDR, TRR, PRR...)

Les revues liées aux études, au développement, à la production, au montage et aux essais permettent de s'assurer pour une phase donnée que les éléments de décision pour le passage à la phase suivante du déroulement sont réunis.

Les revues sont pour un donneur d'ordre un moyen de visibilité sur le processus de développement de chaque lot de travaux.

Il s'agit d'une activité de management qui permet d'assurer un contrôle technique et organisationnel de l'affaire. Le chef de projet, en accord avec le responsable de l'assurance qualité, en ajuste les exigences et fait les prévisions adéquates par rapport aux budgets et aux plannings.

9.2 Les audits

Les audits de configuration établissent la conformité du système et des articles de configuration à leur référentiel.

Les audits sont conduits par le responsable qualité.

Les audits qualité

Tout au long d'une affaire, des audits qualité, préventifs et / ou curatifs peuvent être déclenchés :

- à l'initiative du chef de projet ou par délégation par le responsable qualité,
- à la demande de la direction du département ou à la demande du client.

Le responsable de l'assurance qualité peut être amené, du fait de sa mission générale, à conduire des audits généraux appliqués à une affaire.

Les audits qualité demandés par un client ne peuvent être déclenchés que par les services officiels habilités pour le compte et à la demande du client.

Cela n'est pas fréquent mais certains clients, par exemple des pays asiatiques (initiateurs de la démarche qualité), le demandent.

Désignation	Revue de contrat	Réunion de lancement	SRR	SDR	PDR	ACE	ACP	CDR	PRR	AC	PCA	FCA	Montage	Essais	Point d'avancement
État du Dossier de consultation			■												
Examen du contrat	■														
C.R. des essais de qualification												■			
Lancement en fabrication des prototypes								■							
Choix technologiques					■										
Arborescence système, *WBS*		■													
Analyse des risques	■	■	■	■	■	■	■	■	■	■	■	■	■		
Examen des C.R. des analyses de conception								■							
Examen du plan de gestion de configuration				■											
État des demandes d'évolution											■		■		
Contenu des FdL (Fiche de Lot)		■									■				
Mode de justification des exigences				■											
Examen du plan de management		■											■		
Détection des points faibles du matériel réalisé								■		■				■	
Examen du plan de production								■							
Résultat de l'analyse fonctionnelle				■											
Méthodes & moyens de justificatif de la définition								■							
État du DD (Dossier de Définition)															
Examen du besoin (Spéc Techn de Base, CdCF,)		■													
Présentation de la synthèse des risques		■													
Lancement en fabrication de la série									■						
Maîtrise des coûts	B0	BIPO						BAPO			BAPO		BAPO	BAPO	
Planification de niveaux I, II, II, IV	Niv 0	Niv 1, 2			Niv 3			Niv 4							
Découpe fonctionnelle en articles principaux		■		■									■		
Examen du plan qualité				■											
Examen du DJD (Dossier de Qualification)								■				■			
Méthodes et moyens de production								■							
Identification des articles à gérer en config.				■								■			
Analyse des Interfaces entre Articles Principaux				■											
Examen de la réalisation								■		■			■		
Examen du produit et de la document. technique										■					

Figure 9.2 – Identification des revues par rapport aux activités

9.3 Les réunions et les jalons d'avancement

Les réunions standard

Le chef de projet anime les réunions périodiques d'avancement, *cf.* chapitre 6.2 :

- avec le client,
- avec l'équipe de réalisation de l'affaire,
- avec chaque responsable de lot.

Il faut garder à l'esprit que les réunions sont génératrices de coûts et de délais et en conséquence les ordres du jour doivent être respectés ainsi que la durée.

Les jalons

Un jalon est un événement prévu devant se produire à une date-clef.

Il est représentatif de l'avancement du lot auquel il appartient. Il est donc clairement identifiable.

Les différentes catégories de jalons sont :

- les jalons contractuels (lecture attentive du contrat) (figure 9.3),
- les jalons requis par le manuel qualité (pouvant coïncider avec les précédents),
- les jalons internes aux lots de travaux (études, conception, approvisionnement, assemblage, essais),
- les jalons d'interface, par exemple entre métiers, entre lots ou entre phases,
- des jalons d'avancement (pourcentage d'avancement atteint).

Les jalons contractuels

D'une manière générale, toute fourniture contractuelle ou tout événement donnant lieu à un paiement contractuel (c'est une caractéristique de l'avancement physique du planning) :

- livraison d'un matériel / logiciel,
- recette d'un matériel / logiciel,
- remise d'un rapport d'étude,
- remise d'un compte rendu d'avancement,

- fin d'une assistance technique, d'une formation client,
- fin de phase de production,
- fin de phase d'une étude,
- qualification,
- mise en place d'un stock,
- mise en place de moyens,
- déploiement de matériels.

Les jalons d'interface

Ces jalons concrétisent des mises à disposition de matériels, de logiciels ou de documents ne venant pas du client, donc en relation avec d'autres lots ou partenaires ;

- mise à disposition d'un matériel pour démarrage d'une remise à hauteur ou d'une étude,
- mise à disposition de moyens pour démarrage d'une production,
- mise à disposition de spécifications pour démarrage d'études,
- mise à disposition d'un logiciel ou d'une carte électronique pour assurer une fonction.

Les jalons d'avancement

Ils permettent, indépendamment des jalons contractuels et d'interface, de constater sans ambiguïté l'avancement :

- fin de phase d'une étude,
- qualification interne,
- remise d'un document provisoire ou définitif,
- fin de phase de production (approvisionnements, usinage, montage, câblage, sous-traitance importante...).

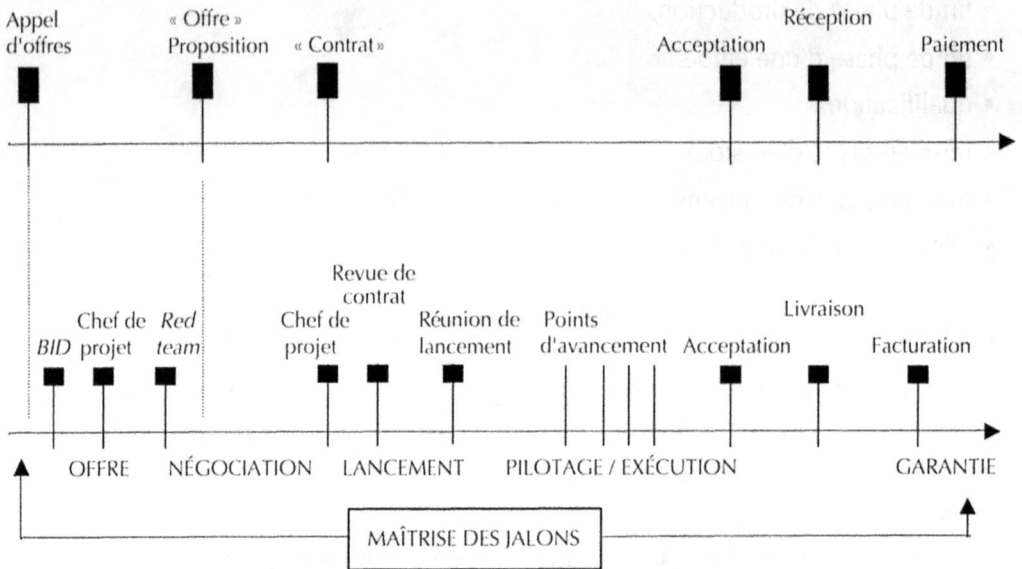

Figure 9.3 – Les jalons dans un contrat

Les principes de gestion des jalons sont :

• des critères de franchissement clairement définis,

• des jalons intégrés dans le planning, car ils permettent de mesurer l'avancement physique,

• des jalons sécurisant l'avancement,

• un franchissement formalisé dans les comptes rendus de revue ou d'avancement,

• des éventuelles réserves consignées ainsi que les actions correspondantes.

On retiendra

Il n'est pas de jalons ou de revues si ces derniers n'ont pas été à l'origine prévus. Les jalons ou les revues doivent obligatoirement faire l'objet d'un compte rendu légitimant la prise de décision (acceptation, réserves, ajournement).

Indépendamment de l'acte qualité qu'ils représentent, la preuve, (3e volet de la démarche qualité), les revues et les jalons sont des éléments qui permettent aisément de prouver la mesure de l'avancement physique de ce qui a été réalisé (ou produit).

Sur ce plan, ils agissent comme un cliquet.

D'ailleurs, les clients se fondent souvent sur certaines de ces étapes tangibles pour rémunérer ce qui a été fait ou produit.

Les audits, bien que prévus, ne sont, au contraire des revues ou des jalons, pas programmés. Ils sont faits à la demande et permettent d'établir la conformité des résultats aux objectifs.

Les audits sont plutôt considérés comme l'acte de recaler un dysfonctionnement et détecter les points faibles ou manquants pour finalement atteindre l'objectif.

CHAPITRE 10

Synthèse de la méthodologie

Au cours des chapitres précédents, on a décortiqué, expliqué, détaillé la méthode de management de projet et à chaque fois on a décliné les outils tout en n'omettant pas de les circonscrire dans les limites de fonctionnement d'une affaire.

Dans ces conditions, on a pris soin de ne mélanger ni le fonctionnement, ni l'autonomie du projet, avec la bonne marche de l'entreprise abritant chaque projet.

A fin de rappel, voici quelques points de différenciation des organisations entre un projet et l'entreprise :

- *cost control,* coûtenance *versus* contrôle de gestion,
- responsable de lot *versus* chef de service métier,
- engagement de coût *versus* dépenses,
- assurance qualité *versus* système qualité,
- travail par destination (production) *versus* travail par nature (consommation),
- achats selon le budget en respect de chacun des lots *versus* achats en volume ou sur quantité tous lots confondus.

Le projet utilise un espace de temps défini entre une date de début et une date de fin pour satisfaire à des résultats. Tandis que l'entreprise qui se nourrit des projets qu'elle accueille n'a pas le même type de contrainte, elle fonctionne suivant un processus continu.

Voilà en quelques mots la réponse à l'énoncé de la méthodologie décrite au chapitre 1.

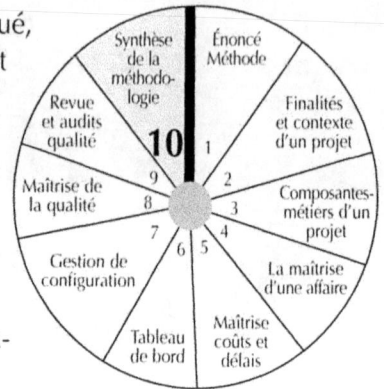

10.1 Synthèse illustrée de la méthodologie de management d'une affaire

Le maître d'œuvre ou le fournisseur principal est pour un client :

- l'apporteur de moyens (l'organisation, *OBS,* et les méthodes, *ABS*),
- l'apporteur du savoir-faire ou le *know-how* (les ressources, *RBS*),
- le responsable du résultat du produit à obtenir (suivant la nature du contrat).

Les principaux axes de la méthode accompagnés des outils se présentent ainsi (figure 10.1) :

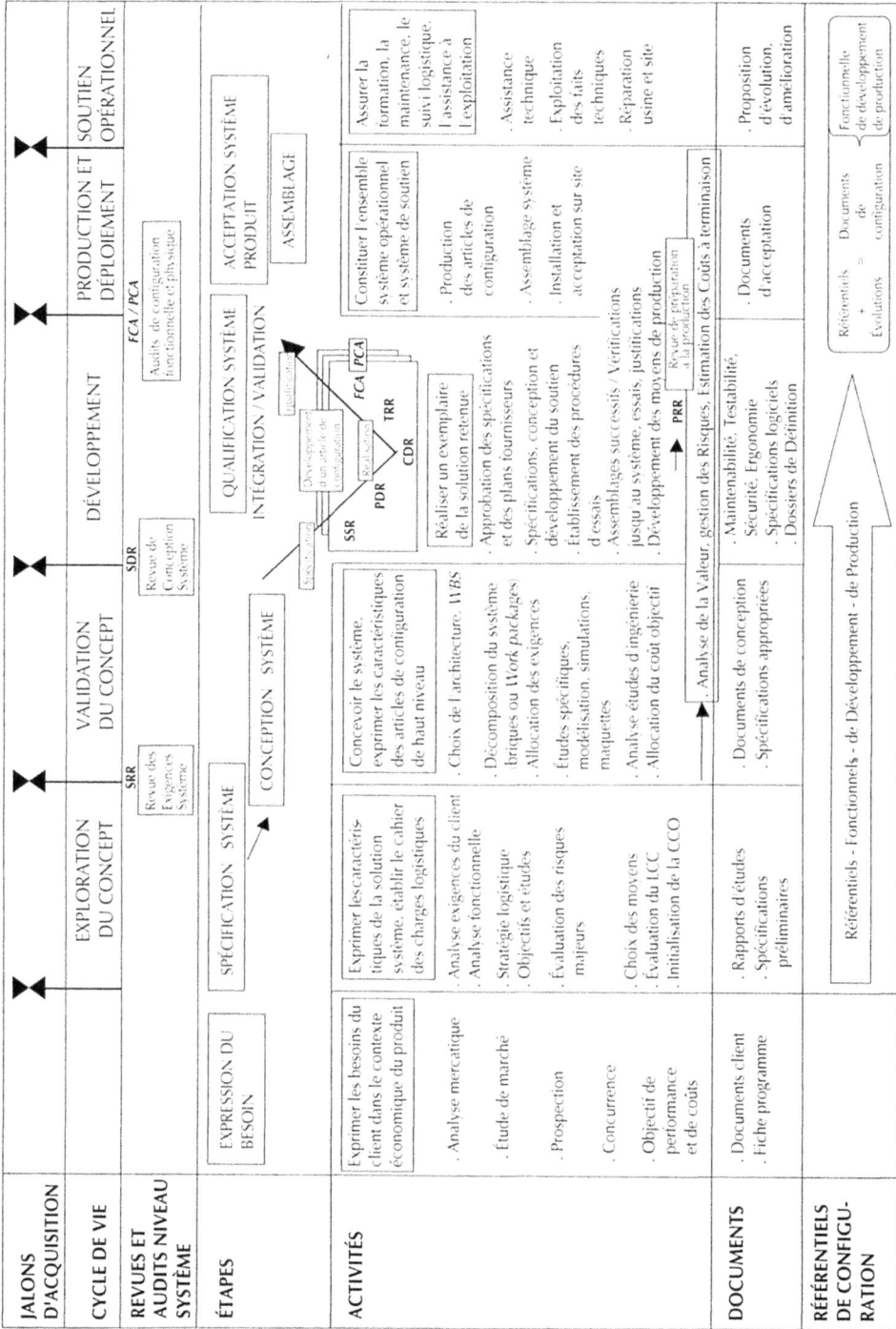

Figure 10.1 – *Synthèse illustrée de la méthode de management d'une affaire*

CYCLE DE VIE : EXPLORATION DU CONCEPT — VALIDATION DU CONCEPT — DÉVELOPPEMENT — PRODUCTION ET DÉPLOIEMENT — SOUTIEN OPÉRATIONNEL

REVUES ET AUDITS NIVEAU SYSTÈME : SRR (Revue des Exigences Système) — SDR (Revue de Conception Système) — FCA / PCA (Audits de configuration fonctionnelle et physique)

ÉTAPES : EXPRESSION DU BESOIN — SPÉCIFICATION SYSTÈME — CONCEPTION SYSTÈME — INTÉGRATION / VALIDATION — QUALIFICATION SYSTÈME — ACCEPTATION SYSTÈME PRODUIT — ASSEMBLAGE

ACTIVITÉS

Expression du besoin : Exprimer les besoins du client dans le contexte économique du produit
- Analyse mercatique
- Étude de marché
- Prospection
- Concurrence
- Objectif de performance et de coûts

Spécification système : Exprimer les caractéristiques de la solution système, établir le cahier des charges logistiques
- Analyse exigences du client
- Analyse fonctionnelle
- Stratégie logistique
- Objectifs et études
- Évaluation des risques majeurs
- Choix des moyens
- Évaluation du LCC
- Initialisation de la CCO

Conception système : Concevoir le système, exprimer les caractéristiques des articles de configuration de haut niveau
- Choix de l'architecture, WBS
- Décomposition du système en briques ou Work packages
- Allocation des exigences
- Études spécifiques, modélisation, simulations, maquettes
- Analyse études d'ingénierie
- Allocation du coût objectif

Développement : Réaliser un exemplaire de la solution retenue
- Approbation des spécifications et des plans fournisseurs
- Spécifications, conception et développement du soutien
- Établissement des procédures d'essais
- Assemblages successifs / Vérifications jusqu'au système, essais, justifications
- Développement des moyens de production

Revues : SSR — PDR — CDR — TRR — FCA PCA — PRR (Revue de préparation à la production)
Développement d'un article de configuration

Analyse de la Valeur, gestion des Risques, Estimation des Coûts à terminaison
Maintenabilité, Testabilité, Sécurité, Ergonomie
Spécifications logicielles
Dossiers de Définition

Production et déploiement : Constituer l'ensemble système opérationnel et système de soutien
- Production des articles de configuration
- Assemblage système
- Installation et acceptation sur site

Soutien opérationnel : Assurer la formation, la maintenance, le suivi logistique, l'assistance à l'exploitation
- Assistance technique
- Exploitation des faits techniques
- Réparation usine et site

DOCUMENTS
- Documents client
- Fiche programme
- Rapports d'études
- Spécifications préliminaires
- Documents de conception
- Spécifications appropriées
- Documents d'acceptation
- Proposition d'évolution, d'amélioration

RÉFÉRENTIELS DE CONFIGURATION

Référentiels - Fonctionnels - de Développement - de Production

Référentiels + Évolutions = Documents de configuration

Fonctionnelle de développement de production

1. Les jalons d'acquisition,

2. Le cycle de vie (ou cycle produit, figure 1.2),

3. Les revues et les audits,

4. Les étapes (ou cycle affaire, figure 1.2),

5. Les activités (ou la façon de s'y prendre),

6. Les documents (en tant que preuves notamment pour la qualité),

7. Les référentiels de configuration.

C'est ce qu'un maître d'ouvrage est en droit d'attendre de son maître d'œuvre concernant la méthode, l'organisation et le traitement de la valeur ajoutée permettant l'élaboration de son projet.

Mais toute cette belle mécanique demeurerait un ensemble vide s'il n'y avait pas un client.

Le client ou le maître d'ouvrage est l'apporteur :

- de ce qu'il y a à faire (le produit à élaborer), encore une fois le *WBS* (figure 10.2),

- de l'argent à investir.

Le rôle de chacun étant identifié, c'est le contrat qui définira aux plans juridique, technique et financier, les responsabilités réciproques pour la durée de l'affaire.

10.2 Une arborescence *WBS* qui tient la route

La confection de l'arborescence du produit à fabriquer décrit ce qu'il y a à faire en partant du général (le système) jusqu'au particulier (les sous-systèmes jusqu'aux *work packages).*

Bien souvent le client, pour des raisons qui sont de l'ordre du refus de voir triturer son *WBS* par le maître d'œuvre, impose une architecture que l'on appelle le *CWBS* [1], figure 10.2.

L'intégration, nous l'avons vue au cours des chapitres précédents, de ces deux dispositifs, le *WBS* et l'*OBS*, agira comme un mariage ou une union entre les dispositifs, lesquels au cours de la vie du contrat vont donner naissance au produit demandé.

---

1. *CWBS : Contract Work Breakdown Structure.*

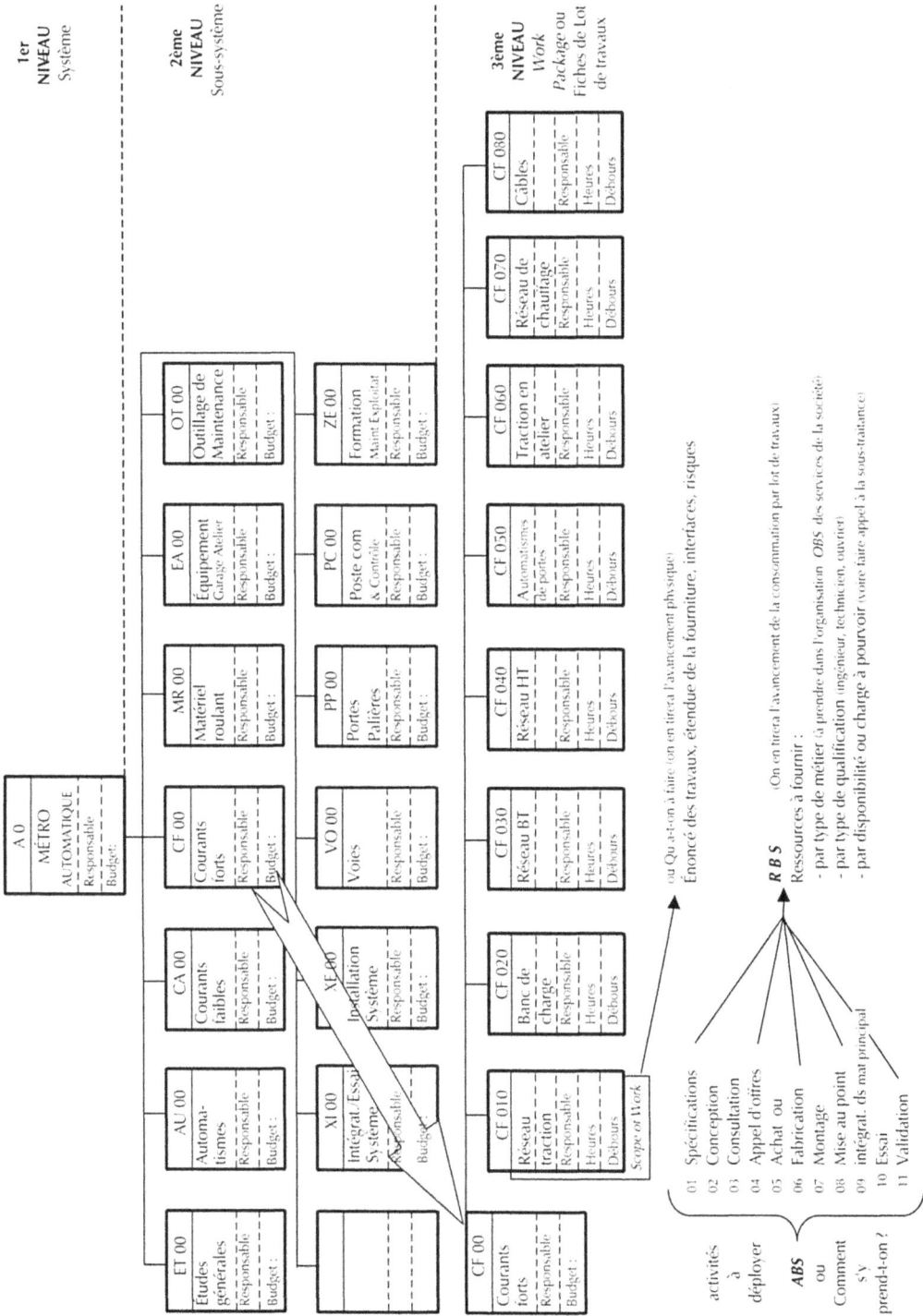

Figure 10.2 – CWBS, du métro de la ville de Turin

La construction d'un *WBS* suit une logique :

Rappel de la définition

Le *WBS* se définit comme la décomposition exhaustive de l'affaire en une structure de référence unique pour tous les acteurs de l'affaire.

L'ordre

Définir l'architecture de ce qu'il y a à faire selon la décomposition fonctionnelle ou décomposition par destination.

Le rang

Vient alors la décomposition par lots de travaux et, à l'intérieur de chacun de ceux-ci, l'opération en une autre décomposition encore plus fine, l'*ABS*.

Ce sera à partir de cette dernière décomposition que l'on regroupera les activités de nature identique, *cf.* chapitre 4 (exemple : spécification, assemblage, essais…) et qu'on en fera une décomposition par :

- phase (faisabilité, définition, développement, montage, transport, intégration, essais),
- et par éléments généraux tels que études générales, coordination, assurance qualité, documentation, moyens spécifiques.

Il est aisé d'effectuer ces décompositions grâce à une codification appropriée (en lettres pour le *WBS*, et selon le code des coûts pour l'*ABS, RBS*) définie dans le manuel qualité. La codification est utile pour trier ces éléments avec les outils informatiques.

On rappellera que le planning est découpé selon le *WBS* car il suit l'avancement physique des tâches.

La maîtrise des coûts est découpée selon l'*ABS* car elle suit à la fois l'avancement physique et l'avancement de la consommation pour en obtenir la productivité et faire ses réestimations permanentes de coûts à terminaison.

10.3 La fiche de pointage du travail et de l'activité exercée

Tout acteur travaillant sur une affaire doit consigner ses heures sur le projet. C'est une question de discipline et de correction.

Le non-pointage (à l'exception de la direction générale) se retrouve en frais généraux. La perte de productivité ne se mesure plus sur l'affaire mais se répercute sur le fonctionnement de l'entreprise.

Pour ceux qui ont eu à constater ce genre de dérive, cela revient à augmenter les « en-cours » de l'entreprise [2].

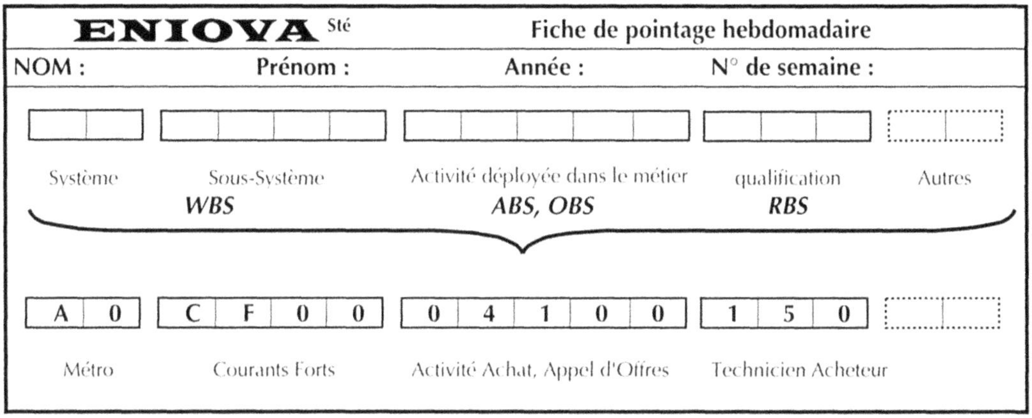

ENIOVA Sté			Fiche de pointage hebdomadaire		
NOM :	Prénom :		Année :	N° de semaine :	

Système — Sous-Système (**WBS**) — Activité déployée dans le métier (**ABS, OBS**) — qualification (**RBS**) — Autres

| A | 0 | | C | F | 0 | 0 | | 0 | 4 | 1 | 0 | 0 | | 1 | 5 | 0 | |

Métro — Courants Forts — Activité Achat, Appel d'Offres — Technicien Acheteur

Figure 10.3 – La fiche de pointage hebdomadaire pour chaque acteur du projet

Bien entendu, à ce dispositif de saisie des heures donc des coûts résultant de la consommation des activités exercées, on ajoutera les coûts des débours (ou des engagements).

Chaque responsable de lot de travaux ou de chaque brique de l'arborescence aura à sa disposition les moyens de piloter et donc de rendre compte de :

- l'avancement physique (*cf.* figure 3.3),
- l'avancement de la consommation (en heure et par type d'activité),
- la productivité (passée et à venir),
- sa charge (en moyens humains et matériels),
- ses délais (planning de niveau III),
- et ses engagements (commandes, sous-traitance).

---

2. Une mauvaise plaisanterie dirait « un entreprise gérée comme un arsenal ».

Voilà comment en management et en pilotage :

- on responsabilise une équipe,

- on se conforme aux critères qualité (dire ce que l'on fait, faire ce que l'on dit et le prouver),

- on fonctionne en osmose avec l'entreprise (tout en gardant son autonomie). Les manquements ou les profits au niveau de chaque lot se répercutent avec amplification sur le projet et en fin de compte sur l'entreprise...

On retiendra

A. L'entreprise, ou le maître d'œuvre qui abrite les projets, a un rôle de non-ingérence. Elle se doit de les soutenir en terme de moyens et de fournir l'environnement technico-économique (savoir-faire, gestion des interfaces entre les différents projets, support extra-projet).

L'entreprise est un peu comme un hôtel qui met à disposition de ses clients (le projet) les suites dont elle dispose.

Le projet a, en contrepartie de l'autonomie qu'on lui accorde, un objectif de résultat par rapport au contrat signé avec le client.

B. Pour fonctionner, un projet qui n'a qu'une délégation de responsabilité (maître d'œuvre délégué) doit s'organiser en fonction des exigences du client et du travail à faire tel que notifié dans le contrat, *SOW*.

C'est son ordre de mission.

À charge de l'équipe projet de mettre en œuvre l'architecture du travail à faire, *WBS*, de mettre en place l'organisation, *OBS*, en puisant dans les compétences de l'entreprise, *ABS,* voire en sous-traitant.

Conclusion

Savoir gouverner un projet industriel (informatique ou de R & D) est un acte social, au sens où client ou donneur d'ordre et l'entreprise dont dépend le chef de projet, sont en constants rapports.

La prise en compte d'un projet est officielle lorsque le contrat qui définit ce projet (c'est-à-dire ce qu'il y a à faire), est signé. Dans la pratique, il est usuel de synchroniser non pas la date de signature du contrat mais celle du 1er paiement du client avec l'origine des délais d'où l'emploi du vocable « T0 ».

En préalable à toute organisation, le fonctionnement d'un projet requiert d'avoir :

• un chef de projet unique,

• une date de début et une date de fin,

• un budget,

• l'énoncé du travail à faire, *SOW*.

Pour répondre à l'enjeu de la compétitivité des entreprises qui ont adopté ce type de management, une organisation appropriée est de mise (figure 2.5).

Adopter une organisation par projet dans une entreprise est une décision qui implique une modification des comportements et des responsabilités et dans tous les cas l'organisation pyramidale est à proscrire. Le nœud des responsabilités se situe au niveau des responsables de lot. Ces derniers sont présents à toutes les phases de l'affaire.

De ce fait, l'avancement du projet se fait en premier lieu au sein de chacune des briques de l'arborescence puis de niveau en niveau jusqu'au sommet du projet (figure 10.2). Ce type de management requiert le respect de l'ordre et du rang.

Par contre, si à l'intérieur de chaque brique on mute le travail inhérent à chaque activité, on obtient un avancement par phase (étude, approvisionnement, montage, essai) comme il se pratiquait avant la mise en place de la méthode (*cf.* chapitre 10.2). Le nœud du management est le respect de l'ordre (établir les lots de travaux, le *WBS*) et du rang (établir les activités, *ABS,* et en déduire les phases de progression) pour lesquels il est impératif de respecter ce type d'organisation.

Le cœur du savoir-faire des activités n'est pas remis en cause mais les résultats (spécifications, achat, sous-traitance, montage, essai) vont directement, *via* les responsables de lot, au profit du projet. Il ne passent plus par le filtre du chef de service mais par le responsable de lot, lequel a accès directement au chef de projet.

L'avancement physique, l'avancement de la consommation, ainsi que le rapport de la productivité, sont circonscrits au sein de chaque lot puis reportés par niveau jusqu'au sommet de l'arborescence de l'affaire.

C'est le choix à faire pour adopter la méthode de management de projet. Cela va dans le sens de la satisfaction du client et de la maîtrise des coûts internes de l'affaire mais aussi dans le sens de l'ouverture des responsabilités des acteurs d'un lot à plusieurs activités.

Dans ce cas, pourquoi l'entreprise (le maître d'œuvre) n'adopterait-elle pas le même schéma de fonctionnement ?

Le but de ces dispositions n'est-il pas de mieux satisfaire le client, et, disons-le clairement, de gagner de l'argent ?

Le code des coûts

Comment utiliser cet outil ?

De quoi s'agit-il ?

Le code des coûts est la décomposition du savoir-faire en types d'activités.

Cette décomposition respecte l'organisation de l'entreprise, les fonctions hiérarchiques ainsi que les compétences des individus. L'employer favorise le dialogue entre toutes les strates de l'entreprise et à tous les niveaux de l'affaire.

Il est durable et permanent.

À quoi sert-il ?

Le code des coûts permet de savoir ce que fait chaque personne sur le projet ou les affaires auxquelles elle travaille. Élaboré à partir du principe d'une activité définie, il prend en compte les heures et les débours correspondant à cette activité et ainsi mesure la progression du travail à accomplir.

Autrement dit, le code des coûts rend possible une relation biunivoque entre le travail nécessaire (production) pour la réalisation d'un lot de travaux et toutes les activités afférentes à mettre en œuvre (consommation ou charges).

De quoi est-il fait ?

Le code des coûts est composé de dix parties censées représenter l'*OBS* ou l'organigramme des fonctions (productives) du maître d'œuvre.

À l'intérieur de chacune de celles-ci, une seconde décomposition, *ABS,* est faite en fonction de la nature des activités nécessaires à leur emploi.

Comment vit-il ?

Le cahier des charges étant défini dans l'entreprise, chaque projet prend en fonction de ses besoins les activités qui lui sont nécessaires pour alimenter chaque lot de travaux.

Comment est associée la compétence au code des coûts ?

Pour chaque poste de l'organigramme de l'entreprise, la direction des ressources humaines définit une fiche de poste. Celle-ci contient en général quatre rubriques :

- mission,
- fonction,
- activité,
- compétence.

En fonction des compétences, on associera les activités, *ABS*, du poste à celle du savoir-faire de la personne, *RBS*.

Par ailleurs, si chacun est employé à exercer une activité correspondant bien à son savoir-faire, il n'est pas nécessaire de faire du reengineering !

Comment l'emploie-t-on ?

Il n'est pas utile de l'apprendre par cœur. On s'en sert comme un menu déroulant.

À toutes fins utiles, quand on sait bien s'en servir, un estimateur qui « cote » un projet a tout intérêt à passer en revue tous les chapitres afin d'être sûr de ne rien oublier (somme des charges) dans sa proposition.

Avis aux futurs chefs de projet !

LE CODE DES COÛTS

OBS ORGANIZATIONAL BREAKDOWN STRUCTURE		ABS ACTIVITY BREAKDOWN STRUCTURE					PHASES Sous-Phases
ÉTUDES	1	0	0	0	0	**ÉTUDES**	JALONS
COMMERCIAL & MERCATIQUE	1	1	0	0	0	**COMMERCIAL & MERCATIQUE**	
		1	1	0	0	Marketing/stratégie/croissance externe	
		1	2	0	0	Vente & commercial	
		1	3	0	0	Administration/Gestion des ventes	
		1	4	0	0	Produit, conception et suivi	
		1	9	0	0	Voyages et frais de représentation	
ÉTUDES AMONT process	1	2	0	0	0	**ÉTUDES DE PROCÉDÉ AMONT**	
		2	1	0	0	Coordination	
		2	2	0	0	Recherche appliquée aux produits A, B, C, D	
		2	3	0	0	Rédaction et notes de calcul	
		2	4	0	0	Conférences	
		2	5	0	0	Essai en laboratoire ou en clinique	
		2	9	0	0	Voyages et frais de représentation	
CONDUITE DES PROJETS ET DES AFFAIRES	2	0	0	0	0	**CONDUITE DES PROJETS ET DES AFFAIRES**	
		1	0	0	0	**Management des propositions et projets**	
		1	1	0	0	Réception de l'appel d'offres (*call for tender*)	
			1	1	0	BID/no BID	Autorisation
		1	2	0	0	Élaboration de l'offre	
			2	1	0	Constitution de l'équipe et réunion de lancement	
			2	3	0	Rédaction de l'offre & *WBS/OBS/ABS*	
			2	4	0	Devis/estimation/planning niveau 0	
			2	5	0	*Red team*	compte rendu
			2	6	0	Validation de l'offre	
		1	3	0	0	Ajustement de l'offre	
			3	1	0	Négociation de l'offre	
			3	2	0	Signature du contrat	
		1	4	0	0	Maquette de présentation	
		1	9	0	0	Voyages et frais de représentation de chaque projet	
		2	0	0	0	**Management d'affaire ou de maîtrise d'œuvre**	
		2	1	0	0	Coordination des lots de travaux, *Work Package*	
		2	2	0	0	Lancement de l'affaire	
			2	1	0	Analyse du contrat + *CDRL*	
			2	2	0	Réunion de lecture en commun du contrat	
			2	3	0	Établissement du *CWBS*, de l'OBS (*ABS, RBS*)	
			2	4	0	Rédaction des fiches de lots (*SOW*)	
			2	5	0	Réunion de lancement du contrat (*Kick off meeting*)	
			2	6	0	Identification des risques et des opportunités (fiches de risque)	
			2	7	0	Bilan Initial Prévisionnel d'Opération (économie générale de l'affaire)	
			2	8	0	Signature des fiches de lots, révision 0	

						Description	
		2	3	0	0	<u>Rédaction des plans</u>	
			3	1	0	Rédaction du plan de management	
			3	2	0	Rédaction du plan de gestion de l'affaire	
		2	9	0	0	<u>Voyages et représentations</u>	
		2	5	0	0	<u>Pilotage d'affaire</u>	
				1	0	Estimation & devis (fiches d'évolution, équipe intégrée)	
				2	0	Coûtenance (BIPO, engagements, CPE, actions correctives)	
				3	0	Planification (niveaux 1 à 4)	
				4	0	Administration des contrats (aspects juridiques, réclamations)	
				5	0	Informatique	
				6	0	Secrétariats	
INGÉNIERIE et ÉTUDES SYSTÈMES	**3**	**0**	**0**	**0**	**0**	**INGÉNIERIE ET ÉTUDES SYSTÈME**	
		1	**0**	**0**	**0**	**Ingénierie/Étude « Système et/ou Matériel »**	
			1	0	0	<u>Coordination</u> des lots ingénierie système	
			1	1	0	Coordination du plan d'ingénierie/développement & validation	
		1	**2**	**0**	**0**	<u>Spécification</u>/docum. d'analyse fonctionnelle et développement	
			2	1	0	Analyse des exigences système (besoin opérationnel)	
			2	2	0	Spécif. système	*SSS*
			2	3	0	Spécif. des articles principaux	
			2	4	0	Plan d'assurance qualité système	PAQS
			2	5	0	Revue des exigences système	**SRR**
		1	**3**	**0**	**0**	<u>Conception système</u>	
			3	1	0	Spécif. Système, révision 1, 2, 3	*SSS*
			3	2	0	Document de conception système	*SSDD*
			3	3	0	Document de maîtrise des interfaces	IRS/ICD
			3	4	0	Spécif. d'article principal par type	PIDS
			3	5	0	Spécif. de développement préliminaire par type	
			3	6	0	Plan d'assurance qualité matériel	PAQM
		1	**4**	**0**	**0**	<u>Gestion de configuration</u>	PGCM
			4	1	0	Gestion & traçabilité des exigences	
			4	2	0	Gestion des faits techniques	
			4	3	0	Gestion des config. matériels & logiciels	
		1	5	0	0	Revue de conception du système	**SDR**
INTÉGRATION et VALIDATION ARTICLES PRINCIPAUX	**3**	**2**	**0**	**0**	**0**	**INTÉGRATION & VALIDATION PAR ARTICLE PRINCIPAL (AP)**	
		2	**1**	**0**	**0**	<u>Intégration matériel</u>	
			1	1	0	Rédaction des prescriptions et de recettes d'acceptation	
			1	2	0	Intégration logiciel/matériel	
			1	3	0	Validation de chaque AP	**CPE/CRE**
			1	4	0	Analyse de construction	
			1	5	0	Procédure (PE) & compte rendu d'essai (CRE)	
			1	6	0	Dossier de définition (DD)	
			1	7	0	Qualification des technologies	
			1	8	0	Qualification des composants	
			1	9	0	Revue de validation	compte
		2	**2**	**0**	**0**	<u>Qualification de l'Article Principal</u>	rendu
			2	1	0	Matrice de qualification	
			2	2	0	Procès-verbal de qualification (PV)	**FCA, PCA**
			2	3	0	Revue de préparation à la production	PRR
		2	**3**	**0**	**0**	<u>Préacceptation de l'AP avec le service qualité</u>	
			3	1	0	État de configuration	

		3	2	0	État des non-conformités	
		3	3	0	État de la configuration	
		3	4	0	Approbation des CPA/CRA	
		3	5	0	Préacceptation, technique & technologique	
	2	**4**	**0**	**0**	Acceptation par le service qualité du client	
INTÉGRATION et VALIDATION SYSTÈME	**3**	**3**	**0**	**0**	**0**	**INTÉGRATION/VALIDATION SYSTÈME (USINE)**	
		3	**1**	**0**	**0**	Intégration/validation système	
			1	1	0	Procédure (PE) & compte rendu d'essai (CRE)	
			1	2	0	Intégration des AP	
			1	3	0	Validation	**DJD partiel**
			1	4	0	Rédaction des CPA/CRA	
			1	5	0	Validation des moyens de test	
			1	6	0	Gestion des faits techniques	
			1	7	0	Revue de validation	Revue de
		3	**2**	**0**	**0**	Qualification système	validation
			2	1	0	Matrice de qualification	
			2	2	0	Qualification	
			2	3	0	Procès-verbal de qualification (PV)	**FCA, PCA**
			2	4	0	Certification	
		3	**3**	**0**	**0**	préacceptation de l'AP avec le service qualité	
			3	1	0	État de configuration	
			3	2	0	État des non-conformités	
			3	3	0	Approbation des CPA/CRA	
			3	4	0	Préacceptation, technique & technologique	
		3	**4**	**0**	**0**	Acceptation par le représentant officiel du client	

MOYENS D'INTÉGRATION SYSTÈME CLIENT	**3**	**4**	**0**	**0**	**0**	**MOYENS INTÉGRATION SYSTÈME CLIENT**	
		4	**1**	**0**	**0**	Autre types d'intégration (avion, hélico...)	
			1	1	0	Procédure (PE) & compte rendu d'essai (CRE)	
			1	2	0	Intégration des AP	
			1	3	0	Validation	**DJD partiel**
			1	4	0	Rédaction des CPA/CRA	
			1	5	0	Validation des moyens de test	
			1	6	0	Gestion des faits techniques	
			1	7	0	Revue de validation	compte rendu
		4	**2**	**0**	**0**	Qualification système	
			1	1	0	Matrice de qualification	
			1	2	0	Qualification	
			1	3	0	Procès-verbal de qualification (PV)	**FCA, PCA**
		4	**3**	**0**	**0**	préacceptation de l'AP avec le service qualité	
			1	1	0	État de configuration	
			1	2	0	État des non-conformités	
			1	3	0	Approbation des CPA/CRA	
			1	4	0	Préacceptation, technique & technologique	
		4	**4**	**0**	**0**	Assistance technique (en détachement)	

ÉTUDES ET DÉVELOPPEMENT (partie logiciel)	**3**	**5**	**0**	**0**	**0**	**ÉTUDES ET DÉVELOPPEMENT DE LOGICIELS**	
		5	**1**	**0**	**0**	Conduite du développement	
			1	1	0	Maîtrise du lot et suivi	
			1	2	0	Gestion des indicateurs, risques et exigences (traçabilité)	
		5	**2**	**0**	**0**	Ingénierie système	

		2	1	0	Participation à la spécif. conception système	
		2	2	0	Participation à la rédaction *SSS/SSDD*	
		2	3	0	Maquettage	
	5	**3**	**0**	**0**	Ingénierie logiciel	
		3	1	0	Analyse des exigences	
		3	2	0	Conception préliminaire	
		3	3	0	Conception détaillée	
		3	4	0	Codage et test unitaire	
		3	5	0	Intégration logiciel et tests	
		3	6	0	Validation logiciel	TRR
	5	**4**	**0**	**0**	Test et validation avec le système	
		4	1	0	Participation à l'intégration validation système	
		4	2	0	Acceptation	
		4	3	0	Maintenance logiciel jusqu'à livraison	
	5	**5**	**0**	**0**	Support et logistique	
		5	1	0	Méthode et outils	
		5	2	0	Moyens informatiques et réseaux	
		5	3	0	Transfert de connaissance/stage/cours	
	5	**6**	**0**	**0**	Gestion de configuration	
		6	1	0	Rédaction des procédures	
		6	2	0	Gestion des faits techniques et des évolutions	
		6	3	0	Mise en conformité	
	5	**8**	**0**	**0**	Assurance qualité logiciel voir 64000	
ÉTUDES ET	3	6	**0**	**0**	**0**	**ÉTUDES ET DÉVELOPPEMENT MATÉRIEL**	
DÉVELOPPEMENT		6	**1**	**0**	**0**	Spécifications	
partie MATÉRIEL			1	1	0	Analyse des exigences	
(techniques			1	2	0	Spécif. dével. article critique	
communes)			1	3	0	Spécif. dével. article non complexe	
			1	4	0	Spécif. dével. installation/infrastructure	
			1	5	0	Revue de spécification	**SR**
		6	**2**	**0**	**0**	Conception préliminaire	
			2	1	0	Conception préliminaire	
			2	2	0	Analyse de conception électrique 1 (schéma synoptique)	ACE1
			2	3	0	Analyse de conception physique	ACP
			2	4	0	Document de conception matériel (préliminaire)	DCM
			2	5	0	Revue de conception préliminaire	**PDR**
		6	**3**	**0**	**0**	Conception détaillée	
			3	1	0	Conception détaillée	
			3	2	0	Analyse de conception électrique 2 (schéma)	ACE 2
			3	3	0	Dossier de définition	DD
			3	4	0	Dossier de conception matériel	DCM
			3	5	0	Plan de qualification du matériel	PQM
			3	6	0	Plan d'intégration et de validation du matériel	PIVM
			3	7	0	Cahier de procédure d'acceptation	CPA
			3	8	0	Revue de conception détaillée	**CDR**
	3	6	**4**	**0**	**0**	Analyse de construction	
			4	1	0	Mise au point	
			4	2	0	Validation	**CPE/CRE**

ÉTUDES ET DÉVELOPPEMENT MATÉRIEL (techniques particulières)	3	7	0	0	0	**ÉTUDES ET DÉVELOPPEMENT MATÉRIEL** faisant appel à des techniques spécifiques (optronique, acoustique, magnétisme, mécanique, chimique)	
SUPPORTS À LA CONCEPTION	3	8	0	0	0	**SUPPORT À LA CONCEPTION**	
		8	1	0	0	<u>Thermique</u>	
			1	1	0	Moyens matériels niveau système	
			1	2	0	Moyens matériels niveau coffrets	
		8	2	0	0	<u>Mécanique et fluides</u>	
			2	1	0	Moyens matériels niveau système	
			2	2	0	Moyens matériels niveau coffrets	
		8	3	0	0	<u>Compatibilité électromécanique</u>	
			3	1	0	Moyens matériels niveau système	
			3	2	0	Moyens matériels niveau coffrets	
BUREAU D'ÉTUDES	3	9	0	0	0	**BUREAUX D'ÉTUDES**	
		9	1	0	0	<u>Bureau d'études mécanique ou autres disciplines</u>	
		9	2	0	0	<u>Bureau d'études électrotechnique & électronique</u>	
		9	3	0	0	<u>Entretien des dossiers</u>	
PRODUCTION	4	0	0	0	0	**PRODUCTION**	
ACHATS	4	1	0	0	0	**ACHATS**	
		1	1	0	0	<u>Mercatique achats</u>	
		1	2	0	0	<u>Achats, relance</u>	
		1	3	0	0	<u>Inspection & contrôle entrée</u>	
		1	9	0	0	<u>Voyages & déplacements</u>	
FABRICATION	4	2	0	0	0	**FABRICATION**	
		2	1	0	0	Ordonnancement	
			1	1	0	Gestion industrielle et coordination	
			1	2	0	Organisation, lancement, gammes	
			1	3	0	Ordonnancement & planification niveau 3	
			1	4	0	Réception, manutention, magasinage	
		2	2	0	0	<u>Microélectronique</u>	
			2	1	0	Méthodes/préparation/lancement	
			2	2	0	Fabrication	
			2	3	0	Montage, câblage & contrôle	
			2	4	0	Essais	
		2	3	0	0	<u>Circuits imprimés</u>	
			3	1	0	Circuits imprimés nus	
			3	1	1	Méthodes/préparation/lancement	
			3	1	2	Fabrication et contrôle	
			3	2	0	Circuits imprimés/équipés	
			3	2	1	Méthodes/préparation/lancement	
			3	2	2	Câblage des CI	
			3	2	3	Essais	
		2	4	0	0	<u>Usinage mécanique</u>	
			4	1	0	Méthodes/préparation/lancement	
			4	2	0	Usinage, tôlerie & contrôle	
			4	3	0	Traitement	

		2	5	0	0	Plasturgie	
			5	1	0	Méthodes et technologies	
			5	2	0	Fabrication plasturgie et contrôle	
		2	6	0	0	Montage, câblage	
			6	1	0	Méthodes/préparation/lancement	
			6	2	0	Prêt à servir (appro,CI câblés, pièces usinées, plasturg)	
			6	3	0	Montage, câblage	
			6	4	0	Contrôle	
		2	7	0	0	Dossier de fabrication et contrôle	DFC
		2	8	0	0	Sous-traitance de la fabrication	
			8	1	0	Microélectronique	
			8	2	0	Usinage	
			8	3	0	Circuits "nus & équipés"	
			8	4	0	Montage câblage	
			8	5	0	Autres	
		2	9	0	0	Intégration & essais série	
			9	1	0	Méthodes et technologies intégration/tests/série	
			9	2	0	Plate-forme intégration/essais/série, interne	
			9	3	0	Plate-forme intégration/essais/série, externe (ex. avionique…)	
LOGISTIQUE	5	0	0	0	0	**LOGISTIQUE**	
		1	1	0	0	Ingénierie & études logistique SLI	
			2	0	0	Confection de la documentation	
			3	0	0	S/traitance de la documentation	
		2	1	0	0	Formation dispensée par les agents du projet	
			2	0	0	S/traitance de la formation	
		3	1	0	0	Réalisation des moyens matériels de maintenance	
			2	0	0	Établissement des listes de pièces de rechange & niveau de réparation	
		4	1	0	0	Assistance technique ou support logistique	
		5	1	0	0	S/traitance de l'assistance technique	
SYSTÈME QUALITÉ	6	0	0	0	0	**SYSTÈME QUALITÉ "AFFAIRE"**	
		1	0	0	0	Assurance qualité "études et développement matériel"	
		2	0	0	0	Assurance qualité "fabrication"	
		3	0	0	0	Assurance qualité "audits, méthodes, normes"	
		4	0	0	0	Assurance qualité logiciel	
			1	0	0	Rédaction des procédures	
			2	0	0	Suivi des dossiers de dérogation, réserves, inspection	
			3	0	0	Revue de fin de phases et des audits	
EMBALLAGE ASSURANCE TRANSPORT	7	0	0	0	0	**EMBALLAGE, ASSURANCE, TRANSPORT**	
		1	0	0	0	Transport	
			1	0	0	Transport inter-usines de la société	
			2	0	0	Transport, terre, air, mer	
			3	0	0	Transit	
		2	0	0	0	Emballage	
		3	0	0	0	Assurances	
			1	0	0	Assurance transports (terre, air, mer)	
			2	0	0	Assurance Tous Risques Chantier	
			3	0	0	Assurances COFACE (cas d'exportation)	
				1	0	Frais d'assurance risques de fabrication et de crédit couvrant	
				2	0	(Risque politique, d'interruption, de non-transfert…)	

			3	0		Frais d'assurance de risque économique	
			4	0		Autres assurances (risques professionnels, responsabilité civile...)	
SUPPORTS FONCTIONNELS	**8**	**0**	**0**	**0**	**0**	**SUPPORTS FONCTIONNELS de l'entreprise**	
		1	**0**	**0**	**0**	**FINANCE, GESTION, JURIDIQUE**	
			1	0	0	Contrôle financier	
			2	0	0	Contrôle de gestion	
			3	0	0	Comptabilité	
			4	0	0	Financement des contrats, trésorerie des affaires	
			5	0	0	Juridique	
		2	**0**	**0**	**0**	**RESSOURCES HUMAINES**	
			1	0	0	Développement des ressources humaines	
			2	0	0	Administration du personnel	
		3	**0**	**0**	**0**	**AUTRES**	
			1	0	0	Administration	
			2	0	0	Secrétariat	
			3	0	0	Entretien, sécurité	
			4	0	0	Communication	
			5	0	0	Métiers à gestion individualisée (ex : *catering, lodging...*)	
SUPPORTS	**9**	**0**	**0**	**0**	**0**	**SUPPORTS INHÉRENTS AU PROJET**	
		1	**0**	**0**	**0**	<u>Compensation à prix ferme & à insuffisance de révision de prix</u>	
		2	**0**	**0**	**0**	<u>Taxes et impôts (autres que TVA)</u>	
			1	0	0	Taxes autres que TVA	
			2	0	0	Impôts sur l'affaire ou le marché	
			3	0	0	Impôts sur le personnel, matériel, véhicules	
			4	0	0	Patente	
			5	0	0	Douanes et cautions en douane	
		3	**0**	**0**	**0**	<u>Banque et frais financiers</u>	
			1	0	0	Frais d'ouverture de dossiers	
			2	0	0	Frais de caution et d'assurance sur caution	
			3	0	0	Frais financiers (crédit fournisseurs, préfinancement)	
			4	0	0	Frais de compensation	
			5	0	0	Frais de représentation et commissions	
			6	0	0	Frais de pilotage	
			7	0	0	Emprunt, surfinancement	
		4	**0**	**0**	**0**	<u>Risques & aléas</u>	
			1	0	0	Sur précision du devis ou de l'estimation	
			2	0	0	Sur pénalités ou délai	
			3	0	0	Sur garanties	
			4	0	0	Sur frais financiers	
			5	0	0	Sur quotités non garanties (COFACE, crédits fournisseurs, & acheteurs)	
		5	**0**	**0**	**0**	<u>Garanties</u>	
		6	**0**	**0**	**0**	<u>Frais généraux ou "Coûts Hors Production"</u>	
		7	**0**	**0**	**0**	<u>Marge commerciale</u>	
		8	**0**	**0**	**0**	<u>Bénéfice</u>	
CONSTRUCTION	**0**	**0**	**0**	**0**	**0**	**CONSTRUCTION et chantier**	

Liste et traduction
des abréviations

Document de maîtrise des interfaces	**ICD**	*Interface Control Drawing*
Soutien logistique intégré	**ILS**	*Integrated Logistic Support*
Spécif. des exigences sur les interfaces	**IRS**	*Interface requirements Specif*
Plan de soutien intégré	**ISP**	*Integrated Support Plan*
Coût global de possession	**LCC**	*Life Cycle Cost*
Analyse du soutien logistique	**LSA**	*Logistic Support Analysis*
Base de données logistiques	**LSAR**	*Logistic Support Analysis Record*
Structure de l'organisation	**OBS**	*Organizational Breakdown Structure*
Référentiel de Production	**PBL**	*Product Baseline*
Audit de Configuration Physique	**PCA**	*Physical Configuration Audit*
Revue de conception préliminaire	**PDR**	*Préliminary Design Revue*
Spécif. de développement d'article principal	**PIDS**	*Prime Item Development Specif*
Revue de préparation à la production	**PRR**	*Production Readiness Review*
Responsable de lot	**RL**	*Work Package Manager*
Référentiel de développement du logiciel	**RDL**	*Software development Baseline*
Référentiel de gestion de configuration	**RGC**	*Configuration management Baseline*
Plan de développement du logiciel	**SDP**	*Software Development Plan*
Revue de conception du système	**SDR**	*System Design Revue*
Énoncé ou « consistance » des travaux	**SOW**	*Statement of Work*
Revue des exigences sur le système	**SRR**	*System Requirements Review*
Spécif. des exigences sur le logiciel	**SRS**	*Software Requirements Specif*
Document de concept système-s/systèmes	**SSDD**	*System/Segment Design Document*
Revue de spécification (du logiciel)	**(S)SR**	*(Software) Specif Review*
Spécif. de système-s/système	**SSS**	*System/Segment Specif*
Revue de préparation au test	**TRR**	*Test Readiness Review*
Décomposition du travail à faire	**WBS**	*Work Breakdown Structure*
Lot de travaux	**WP**	*Work Package*

www.ingramcontent.com/pod-product-compliance
Lightning Source LLC
Chambersburg PA
CBHW080545220326
41599CB00032B/6368